La philosophie est une réflexion pour qui toute matière étrangère est bonne, et nous dirions volontiers pour qui toute bonne matière doit être étrangère.

Georges Canguilhem

Bioesthétique
sens commun, technique et art
à l'âge de la globalisation

dans la même collection

Pierre Cassou-Noguès, *Une histoire de machines, de vampires et de fous*, 2007
Guillaume le Blanc, *Les maladies de l'homme normal*, 2007
Jean-Michel Salanskis, *Territoires du sens*, 2007
Alexandru Dragomir, *Banalités métaphysiques*, 2008
Mauro Carbone, *Proust et les idées sensibles*, 2008
Olivier Schefer, *Variations nocturnes*, 2008
Alexandru Dragomir, *Cahiers du temps*, 2010
Christophe Genin, *Kitsch dans l'âme*, 2010
Roberto Diodato, *Esthétique du virtuel*, 2011
Mauro Carbone, *La chair des images : Merleau-Ponty entre peinture et cinéma*, 2011
Michel Malherbe, *D'un pas de philosophe en montagne*, 2012

PIETRO MONTANI

Bioesthétique

sens commun, technique et art à l'âge de la globalisation

traduction
Jean-Christophe Cavallin

VRIN

Matière Étrangère

Titre Original :
Pietro Montani, *Bioestetica : senso comune, tecnica e arte nell'età della globalizzazione*,

Directeurs de collection :
Bruce Bégout et Étienne Bimbenet

ISSN 1961-8336
ISBN 978-2-7116-2526-0
www.vrin.fr

avant-propos
esthétique et technique de la vie « assuranciée »

Seule puissance éternelle, vers qui roule
Toute chose créée,
En toi, Mort, repose
Notre nature nue ;
Heureuse, oh non ! mais délivrée
De l'ancienne douleur [1].

On connaît le scénario inquiétant dont s'inaugure, classiquement définie, la biopolitique : un monde globalisé où s'accomplirait la convergence massive des pratiques du pouvoir vers un gouvernement généralisé de la « vie nue » ; un investissement juridique croissant de l'individu biologique en tant que tel et de la « population » qui en représente la forme collective. Mais que la biopolitique ait un rapport déterminant à la technique, et tout particulièrement à la biotechnologie, c'est là une évidence trop faiblement thématisée dans les travaux des spécialistes. La « vie nue » nous semble aujourd'hui indissociable des artéfacts et des pratiques de manipulation qui l'entourent de manière toujours plus envahissante et font l'objet d'une attention normative dont il serait malaisé de sous-évaluer, d'un côté, les incertitudes et, de l'autre, le caractère inéluctable et les gigantesques enjeux. Que l'on pense au débat encore ouvert auquel donnent lieu les modifications du matériel biologique (expérimentales, certes, mais employées tout aussi bien à des fins thérapeutiques risquant en permanence de se confondre avec des fins tout bonnement eugénistes) ou aux critères qui définissent l'autonomie de

1. G. Leopardi, « Dialogue de Frédéric Ruysch et de ses momies », dans *Petites Œuvres morales*, trad. fr. J. Gayraud, Paris, Allia, 1992.

l'individu quant au choix de sa propre mort, quand il s'agit d'interrompre la délégation des fonctions vitales à un appareillage technique. Ce qui a partiellement échappé à l'attention des études spécialisées – et qui revêt dans cet ouvrage une importance capitale – est précisément *la puissante convergence de la technique et de la biopolitique au sein d'un projet commun d'« assurance » de la vie* : comme si le vivant, pour être pris en charge comme tel, devait avant tout être protégé – ou *immunisé*, pour se servir du concept opératoire élaboré par Roberto Esposito – contre son exposition à la contingence et aux aléas de l'expérience. Protégé, en somme, contre la fragilité et contre le risque qui caractérisaient la vie humaine (le *bios*) par opposition à la simple *zoe* (la « nature nue »), dont les momies léopardiennes de Frédéric Ruysch, recouvrant pour un instant l'usage de la parole, chantent la survie anesthésiée, abyssalement insensible, entièrement immunisée contre l'ancienne douleur. Si l'on en croit l'avertissement que Nietzsche attribue au « sage » Silène dans une page célèbre de la *Naissance de la tragédie*, existe-t-il tranquillité plus profonde et plus protectrice que celle d'être déjà mort ou de n'être jamais né ?

L'intime composante technique de la biopolitique met ainsi l'accent sur une des conséquences les moins obvies et sans doute les moins explorées de celle-ci : le déclin décisif de la sensibilité et du « sens commun » – lequel se voit puissamment et obscurément entraîné dans le périmètre d'action des dispositifs par lesquels le biopouvoir exerce son influence, et par lesquels la reproduction se comprend elle-même et se garantit, donnant lieu à l'émergence d'une véritable « bioesthétique ». Derrière une réflexion de ce type se profilent trois types d'enjeux théoriques distincts et pourtant inséparables.

On remarquera tout d'abord que de tels dispositifs tendent essentiellement à anesthésier, c'est-à-dire à réduire l'exposition de la sensibilité à la contingence. D'où un premier axe de réflexion, concernant les répercussions des nouvelles technologies – en particulier les technologies relatives à la production et à la consommation des images – sur la nature et le comportement de notre *sensibilité* (en grec : *aisthesis* – qui se retrouve dans le terme d'esthétique). La conclusion à laquelle j'étais parvenu il y a quelques années[1] était que le principal effet esthétique des nouvelles technologies consistait en une réduction et en une canalisation de la sensibilité :

> Ce qui déconcerte dans cette modalité de la technique est la destitution du monde extérieur comme source de formes. Une image digitale, par exemple, ou un film tout entier n'ont plus besoin de se référer à la contingence du monde visible pour produire une mimésis désormais intégralement planifiée et simulacrale. L'autoréférentialité de la représentation ne cesse de croître et à cette croissance exponentielle correspond une spécialisation croissante de l'*aisthesis* qui la reçoit : comment nier qu'aujourd'hui, n'importe quel enfant de n'importe quel pays industrialisé est plus « sensible » aux stimulations d'un jeu vidéo qu'à celles d'un paysage naturel ? Les traits pertinents du monde sensible se nivellent à mesure qu'ils se spécialisent et ce même enfant fournira à l'âge adulte d'excellentes performances dans l'environnement simulé que l'entreprise qui l'emploiera aura construit en sélectionnant comme pertinents les seuls aspects de l'univers matériel susceptibles d'optimiser, outre la pratique productive, une perception univoque des « choses », le « comment » des entités qui s'y rencontrent et le taux de contingence extrêmement réduit qui peut encore y filtrer. Il suffit de regarder

1. *Cf.* P. Montani, *Arte e verità dall'antichità alla filosofia contemporanea*, avec A. Ardovino et D. Guastini, Roma-Bari, Laterza, 2002, p. 390-391.

autour de soi pour trouver partout des machines, dispositifs, rituels et spectacles qui tendent à réduire la contingence du monde ou – paradoxalement – à la programmer (comme dans le cas exemplaire des prétendus *reality shows*).

Il nous faut donc repenser la constitution même de notre perception, ce « sens que nous avons en commun » dont Kant a fait l'objet authentique d'une esthétique, et qu'Hannah Arendt nous a appris à considérer comme le fondement esthétique indispensable à toute théorie du jugement politique et de l'espace public. Si l'un des projets les plus puissants et les plus dissimulés de la technique consiste dans la réduction et dans la canalisation de notre sensibilité, si son action sur le « sens que nous avons en commun » donne lieu à une *an-esthésie* profonde, alors une certaine « éthique de la forme » devra s'employer à réhabiliter la perception de façon étendue et différenciée – réhabilitation à laquelle pourrait correspondre cette « politisation de l'art » que Benjamin opposait à l'« esthétisation du politique » pratiquée par les régimes totalitaires. Ce programme d'une éthique de la forme doit s'accompagner d'une double mise en garde : 1) le concept et la pratique de l'esthétisation prospèrent aujourd'hui sous la forme défectueuse que je viens de définir et sur lequel ce livre reviendra amplement ; et 2) nulle réhabilitation politique de la sensibilité n'aura lieu sans une réévaluation radicale de la perception elle-même – réévaluation exigeant de prendre en compte – pour les requalifier sans les démoniser – l'intime contamination qu'elle subit de la part de la technique et l'extension naturelle qu'elle connaît sous l'espèce d'artéfacts et de prothèses. Nous verrons qu'une telle réévaluation suppose un changement décisif de vocabulaire et la conversion d'une conceptualité liée à l'idée de « corps » à une conceptualité liée à l'idée de « chair » (avec d'évidentes répercussions dans le domaine de l'imagination). Tandis que le corps, toujours virtuellement autocentré, se laisse capturer par les dispositifs anesthésiques visant à en réduire et à en optimiser les performances sensibles, la chair résiste par principe, en tant qu'ouverte et hybridée, à toute espèce de réduction.

La question du « destin des arts dans la modernité tardive »[1] constituera un deuxième axe de réflexion. Question assez classique, récurrente au moins depuis Hegel et inévitable encore aujourd'hui. L'art est-il encore de nos jours le terrain privilégié d'une compréhension critique des performances de notre sensibilité ? Et si son aptitude à faire travailler le sensible s'est affaiblie et diluée en se dispersant dans des environnements disparates, à quelles conditions et dans quels types d'expérience pourraient encore en survivre l'utilité et le besoin ?
La question a beau être inévitable, elle n'en est pas moins équivoque, dans la mesure où l'objet interrogé – l'art – y figure subrepticement comme une donnée de base ou une essence dont il serait loisible de proposer diverses représentations théoriques plus ou moins adéquates et d'étudier les propriétés et les relations. C'est précisément ce qui arrive quand on s'interroge sur les rapports entre l'art et toute autre discipline : philosophie, anthropologie, sociologie, psychologie, psychanalyse, mathématique, neurosciences, etc. À cette conception substantialiste et anhistorique de l'art – dont on s'étonne qu'elle jouisse encore aujourd'hui d'un crédit si commun et si consensuel –, j'opposerai une conception d'inspiration kantienne et m'autoriserai de ce fondement critique pour reposer la question portant sur les formes de son (hypo-

1. *Cf.* P. Montani, *L'estetica contemporanea. Il destino delle arti nella tarda modernità*, P. Montani (ed.), Roma, Carocci, 2004.

thétique) survie – question vaine et privée de sens hors des limites d'une telle perspective.

Il n'existe rien de tel que « l'art en général » (ensemble d'objets faits de telle ou telle manière ou catégorie de la pensée, forme symbolique ou constante anthropologique). Seul existe notre besoin de donner la forme d'une expérience empirique exemplaire à cette vague aptitude à extraire du sens et des significations de notre commerce perceptif avec le monde sensible, aptitude caractérisant une sensibilité imprégnée de réflexion[1]. Si ce besoin de réfléchir sur la sensibilité, sur la perception et sur le sens s'est concentré pendant des siècles sur un ensemble d'artéfacts et d'expériences déterminées que le XVIIIe siècle a le premier choisi d'appeler « art » (appellation appartenant en fin de compte au seul vocabulaire de la modernité), rien ne garantit que quelque chose de tel soit destiné à survivre ni que la forme institutionnelle des arts (phénomène tout à fait inconnu jusqu'au seuil de la modernité) conserve encore pour longtemps son caractère d'exemplarité. Si l'on ajoute à la question du sens la question (plus explicitement *historique*) du « sens du présent », c'est-à-dire si l'on reconnaît aux arts modernes non seulement le mérite d'avoir su réfléchir de façon exemplaire à la question du sens en général, mais encore celui d'avoir su en configurer la « vérité historique » (ici, la ligne d'argumentation kantienne doit s'ouvrir aux conceptions de philosophes comme Heidegger, Benjamin et Adorno), alors la question de l'exemplarité commence à revêtir les caractères d'un problème authentique. Son caractère inéluctable dessine les contours d'un objet plus précis.

1. C'est l'interprétation kantienne de l'esthétique qui sera développée de manière exhaustive dans le chap. 2.

Enfin je suis convaincu – c'est le troisième axe de ma réflexion – qu'aussi bien cet objet que ce caractère inéluctable ont quelque chose à voir avec l'hypothèque qui grève le statut de l'image – plus exactement le rapport de l'image à la vérité ou, mieux encore, au témoignage. L'hypothèque ne date pas d'hier, puisque Platon fut le premier à en promulguer le décret, inaugurant ainsi une longue histoire d'excommunications et de réhabilitations ; mais sa reformulation actuelle et les termes de cette reformulation nous ont été imposés d'autorité, non par une pensée, mais par un fait historique : les camps d'extermination – événement de nature biopolitique qui a eu des conséquences catastrophiques dans l'ordre de la représentation. Ces conséquences ont influé sur la compréhension moderne de l'art, si bien qu'Adorno s'est senti le droit de prononcer à ce sujet une sentence lapidaire – « Écrire de la poésie après Auschwitz est un acte de barbarie » – qui, bien que revue plus tard, corrigée et atténuée (comme il était juste et nécessaire, ne serait-ce que par respect pour les déportés qui avaient choisi de porter témoignage par les moyens de l'art), reste gravée de manière indélébile, comme une sorte de dette originaire, sur toutes les images qui ont prétendu depuis lors se donner comme véridiques (effort créatif aussi démesuré que la hauteur inouïe de ce qui était en jeu). La relation entre les camps d'extermination et la compréhension moderne de l'art regarde en fait, selon une thèse qu'il m'a semblé opportun de soumettre à un examen détaillé,

> le problème de la représentabilité et son corollaire, celui du plaisir esthétique. Formulée de façon plus générale, cette relation pourrait s'exprimer de la manière suivante : peut-il exister un mode de représentation « adéquat » à l'horreur des camps ou n'arrive-t-il pas plutôt que toute représentation se change en un acte de conciliation, d'autant plus indécent qu'intimement soutenu par ce sentiment de plaisir qui [pour

> la modernité] distingue l'art des autres formes de l'expérience humaine[1].

Ce thème peut être articulé selon deux mouvements, le premier déconstructif, le second programmatique. Le mouvement déconstructif se concentre sur une insuffisance spécifique de l'esthétique moderne : l'écart qui s'est produit – sans être ni compris ni théorisé de manière adéquate – entre le concept du non représentable et celui du non attestable. Le non représentable touche de manière intrinsèque à la façon qu'a l'image de se présenter : c'est la condition de possibilité de l'image, qu'on l'interprète comme l'envers invisible de ce qui, s'offrant au regard, invite le regard à le dépasser (lui « donne à penser », dans le lexique de Kant) ou comme le fond obscur et immaîtrisable dont l'image « s'ex-trait » ou se « dé-voile » (dans le lexique de Heidegger) tout en en portant la trace. Cette altérité constituante qui habite l'image et la définit ne coïncide pas avec sa capacité de rendre justice à ce qui l'investit et engage l'acte de représentation, non pas tant dans sa constitution *symbolique*, que dans sa responsabilité *éthique* (en d'autres termes, à ce qui conduit à réinterpréter la première à partir de la seconde). L'« éthique de la forme » que nous évoquions plus haut – mouvement programmatique – aurait à repérer dans l'horizon du visible les indices d'une régénération possible de l'image selon une double capacité : d'un côté, celle de se dénoncer elle-même comme en défaut de témoignage ; de l'autre côté, celle d'inventer des formes justes pour solder sa dette au prix fort. On peut alors désigner l'*image cinématographique* comme le référent le plus adéquat d'une telle « éthique de la forme ». Cette thèse sera reprise, développée et approfondie. Le motif d'un tel choix était et demeure

1. *Cf.* P. Montani, *L'estetica contemporanea*, *op. cit.*, p. 13.

indissociable de la question de la technique, et ne saurait en aucune mesure dépendre d'une option philosophique qui, comme celle d'Adorno, se proclamerait indifférente à un tel référent, ou qui, comme celle de Heidegger, ne prêterait pas la moindre attention aux aspects empiriques singuliers de la technique moderne (par exemple, aux nouveaux modes de production des images). Ce n'est pas un hasard si Adorno et Heidegger – au contraire de Benjamin, qui vit clairement les termes du problème – n'ont considéré le cinéma qu'avec une extrême défiance et une bonne dose de préjugés.

Le biopouvoir, afin de se légitimer, doit interdire toute ouverture à l'autre que soi : qu'il s'agisse du non représentable auquel l'image renvoie comme à son revers invisible ou qu'il s'agisse plutôt – et pour des raisons plus profondes – de l'inattestable envers lequel l'image a contracté depuis Auschwitz une dette de témoignage qui l'oblige à la rigoureuse discipline créative définie plus haut comme « éthique de la forme ». Les raisons de cette dernière interdiction sont plus profondes, non seulement parce qu'Auschwitz a produit un modèle accompli de biopouvoir, mais surtout parce que la logique biocratique du camp d'extermination – dont on verra qu'elle est une forme de l'« état d'exception » et le renversement inéluctable de la biopolitique en *thanatopolitique* – refait continuellement surface dans les espaces physiques et juridiques où le biopouvoir montre le plus ouvertement son visage mortifère : dans les viols ethniques de la Serbie et du Rwanda comme dans les cages de Guantanamo, dans les *boats people* qui naufragent au large de Porto Palo comme dans le gymnase de l'école de Beslan, dans la prison d'Abou Ghraib comme dans le stade de la Nouvelle Orléans. Et ce ne sont là que les parties émergées des dérives du biopouvoir. Terrifiantes, mais, dans certains cas, documentées par des images (cinématographiques, par exemple) qui s'efforcent de témoigner.

Rappelons tout de même que le visage mortifère, le faciès de Silène du biopouvoir n'arbore pas toujours les traits de l'horreur et se manifeste partout où la vie « assuranciée » passe par des formes spécifiques d'autoreprésentation et de dispositifs techniques à même d'en garantir la circulation dissimulée et l'accroissement.

Nous devons accepter le fait que la technique ait une influence déterminante et très diversifiée sur l'horizon de sens auquel est destiné notre temps. Les effets multiples de cette influence sont l'arrière-plan sur lequel doivent être repensés aussi bien l'état de notre sensibilité et « le destin des arts » que le statut et les pouvoirs de vérité de l'image. Le programme d'une « éthique de la forme » se voit de la sorte renforcé et éclairci quant à son statut. J'ai souligné l'enracinement nécessaire de ce statut dans l'horizon de la technique, ainsi que la légitimité et le caractère d'urgence qu'il tire de cet enracinement dans un horizon au sein duquel il représente un mouvement de résistance et offre, pourvu qu'on sache les découvrir, de remarquables opportunités d'émancipation. Mais il faut aller plus loin et dire la même chose du paradigme biopolitique en général. Reconsidéré depuis la possibilité d'une telle éthique, celui-ci devrait en effet pouvoir contenir un mouvement de résistance affirmative. Nous verrons que cette thèse peut très bien, non seulement se défendre *a priori* dans le cadre d'une solide argumentation théorique, mais s'articuler en profondeur au programme d'une éthique de la forme capable de la reformuler et d'en rediriger les implications bioesthétiques affirmatives dans une perspective spécifique : le passage qu'un tel programme compte opérer d'une sémantique du corps à une sémantique de la chair. Pour y repenser « le destin des arts », je mettrai au jour une convergence possible de l'éthique de la forme et de l'*intermédialité* que les nouvelles techniques de production des images ouvrent à une authentique orientation testimoniale. Il devrait en résulter une proposition conclusive susceptible d'offrir un critère perspicace et adéquat pour réinterpréter l'idée benjaminienne d'une « politisation des arts » et pour en reconnaître les indices, ramifications et modèles dans les meilleures réalisations du cinéma contemporain [1].

Rome, décembre 2006

1. J'ai depuis développé ce thème dans mon ouvrage *L'Immaginazione intermediale*, Roma-Bari, Laterza, 2010.

chapitre 1
biopolitique

Oikos et *Polis* : jugement politique et jugement esthétique

Le dernier chapitre de *La Condition de l'homme moderne*, sans doute l'ouvrage majeur de Hannah Arendt, se clôt sur un paragraphe – « Le triomphe de l'*animal laborans* » – dans lequel la « condition humaine » à l'époque moderne est décrite en des termes anticipant très clairement sur l'objet (sinon sur le concept) d'une biopolitique :

> L'homme moderne, quand il perdit l'assurance du monde à venir, ne fut pas rejeté au monde présent, il fut rejeté à soi-même ; loin de croire que le monde pût être potentiellement immortel, il n'était même pas sûr qu'il fût réel. [...] Tout ce qu'il resta désormais de potentiellement immortel, d'aussi immortel que la cité dans l'antiquité ou la vie individuelle au moyen âge, ce fut la vie : le processus vital, potentiellement sempiternel, de l'espèce. [...] L'humanité socialisée est l'état de la société où ne commande plus qu'un unique intérêt, et cet intérêt a pour sujet soit des classes, soit l'espèce, mais ni l'homme ni des hommes. C'est qu'à ce moment dans les activités des hommes la dernière trace d'action, le motif qu'impliquait l'intérêt individuel, a disparu. Il est resté une « force naturelle », la force du processus vital, à laquelle tous les hommes avec toutes leurs activités étaient également soumis [...] et dont le seul but, à supposer qu'elle en eût un, était la perpétuation de l'espèce Homme. Aucune des facultés supérieures de l'homme n'était nécessaire désormais pour relier la vie individuelle à la vie de l'espèce ; la vie individuelle

fit partie du processus vital, et tout ce dont on avait besoin c'était de travailler, d'assurer son existence et celle de sa famille. [...] La pensée elle-même, en devenant « calcul des conséquences », est devenue une fonction du cerveau, et logiquement on s'aperçoit que les machines électroniques remplissent cette fonction beaucoup mieux que nous[1].

On doit donc à Arendt la première dénonciation claire de l'involution de la politique moderne vers un gouvernement de la « vie nue » ayant pour principal souci celui d'en garantir la reproduction par le biais d'interventions normatives adéquates; et on lui doit en outre, même s'il ne s'agit que d'une indication, l'intuition du lien étroit existant entre ce repli de la vie sur elle-même et les mécanismes d'assurance et de délégation pris en charge par la technique. Ajoutons toutefois que la lucidité prophétique du diagnostic arendtien n'ouvre sur aucune perspective de réflexion philosophique, dans la mesure où la gouvernance de la vie équivaut pour elle à une pure et simple antipolitique orientée par principe vers des dérives totalitaires.

Le fondement conceptuel de la condamnation arendtienne se manifeste dans l'antagonisme inconciliable entre le concept de *polis*, ou espace public, et celui d'*oikos*, ou sphère privée, parallèle à l'opposition entre la *vita activa* caractérisant et qualifiant la vie humaine en tant que telle et la vie biologique assimilant l'homme à un *animal laborans*. Dès lors que l'action du gouvernement et l'exercice du pouvoir opèrent comme extension illégitime de la sphère fermée de l'*oikos* dans l'espace ouvert de la *polis*, le « politique » lui-même se retire et favorise la naissance de formes d'administration qui, nées pour garantir la vie, finissent par se rapporter plus ou moins directement à la

1. H. Arendt, *Condition de l'homme moderne*, trad. fr. G. Fradier, Paris, Calmann-Lévy, 2001, p. 398-400.

terreur et à la mort : la biopolitique s'inverse alors en thanatopolitique (un renversement que l'on retrouve sans exception chez tous les auteurs que j'aborderai, plus ou moins bien intégré au modèle théorique qui devrait le justifier). Pour Arendt, la gouvernance de la « vie nue » n'est que la perversion ultime de ce pouvoir qui tire sa légitimité de la rencontre d'une pluralité de *sujets jugeants* au sein d'un espace public lequel est seul à pouvoir prétendre relever d'une action politique authentique, dont il est en fait la condition nécessaire.

Je reviendrai sur la contribution d'Arendt à une pleine compréhension de la biopolitique, mais souligne dès à présent qu'il existe dans sa pensée un lien explicite entre action politique et jugement esthétique, et que ce lien sert de fondement à la thèse selon laquelle la gouvernance de la vie biologique ne saurait en aucune façon passer pour une forme du politique. Voyons comment elle aborde la question esthétique.

Arendt s'interroge sur le nœud esthético-politique dans une série de leçons de 1970[1], préliminaires à l'élaboration de la troisième partie de *La Vie de l'esprit* (« Penser, Vouloir, Juger »), partie décisive dont la mort interrompit la rédaction. Il s'agit de leçons consacrées à une interprétation remarquable de la *Critique de la faculté de juger*. Selon Arendt, si Kant avait écrit une philosophie politique, celle-ci n'aurait pu être qu'un développement cohérent de la troisième *Critique* et, plus particulièrement, des pages que cet ouvrage consacre au *jugement esthétique*.

L'aspect de cette thèse à la fois le plus original et le plus convaincant est la conviction selon laquelle la dimension éthique et intersubjective inaugurée dans la troisième *Critique* (dimension publique et plurielle du jugement en général,

1. H. Arendt, *Juger : sur la philosophie politique de Kant*, trad. fr. M. Revault d'Allones, Paris, Points-Seuil, 2003.

particulièrement manifeste dans le cas du jugement esthétique) s'éloigne sensiblement de la philosophie morale élaborée dans la *Critique de la raison pratique*, dans la mesure où il s'agit bien plutôt d'une éthique politique que d'une éthique normative.

Arendt relève donc une certaine solution de continuité entre la morale kantienne et son (hypothétique) philosophie politique – discontinuité que justifie l'hypothèse peu discutable selon laquelle, au moment de conclure sa philosophie critique par une enquête sur la faculté de juger, Kant avait d'ores et déjà radicalement repensé le point de vue perspectif de la philosophie transcendantale, regard dès lors indissociable du mouvement d'une expérience en acte et intimement lié au passage d'une pensée de l'*Homme* à une pensée de *la pluralité des hommes*. On remarque d'ailleurs un parcours analogue, ou parallèle, dans la réflexion de Arendt. Non pas tant (ou pas seulement) que *Juger* aurait été le point d'orgue de la *Vie de l'esprit*, mais pour la force avec laquelle ses dernières réflexions prônent la nécessité d'intégrer un élément fondateur à toute enquête sur le politique.

Le point est important et demande un rapide commentaire. J'en donnerai un schéma simplifié, qui entrera clairement dans la perspective théorique de cet essai. Si le Kant de la troisième *Critique* repense la philosophie transcendantale *par le haut*, c'est-à-dire à partir d'une révision du transcendantalisme « fort » des deux premières, Arendt quant à elle la repense *par le bas*, en partant de sa réflexion sur la *Vita activa* et sur la signification politique de l'action. Kant passe donc d'une réflexion privilégiant les conditions à une réflexion visant à repenser celles-ci *à l'intérieur* du conditionné. La réflexion d'Arendt suit le chemin inverse et, partant d'une enquête sur le conditionné, finit par soumettre celui-ci à une enquête plus affinée sur ses conditions : la *Vie de l'esprit* témoigne de ce mouvement de révision – et de renforcement – des présupposés d'une perspective fondatrice. Les deux parcours s'achèvent pourtant sur un terrain commun, dans lequel l'enchevêtrement des conditions et du conditionné, la synergie du transcendantal et du contingent représente le problème fondamental. Ce terrain se trouve être précisément, aussi bien pour Kant que pour Arendt, le terrain du jugement – et d'un jugement se manifestant de manière exemplaire dans celle de ses modalités qui a plus que nulle autre maille à partir avec la contingence et la pluralité : le jugement esthétique.

Ce schéma offre l'avantage supplémentaire de remettre en question, pour mieux la comprendre, la lecture courante (et partiellement erronée) selon laquelle la philosophie de Arendt de la dernière période aurait opéré un virage au cours duquel le paradigme de l'action (la *Vita activa*) aurait été abandonné au profit du paradigme de la réflexion (la *Vita contemplativa*). En réalité, la *Vita activa* ne fut jamais abandonnée et Arendt a seulement pris conscience de la nécessité de remonter aux conditions fondatrices : de l'action à la compréhension (l'expérience consignée en 1963 dans son livre sur le procès de Eichmann, *La Banalité du mal*, ne fut pas étrangère à cette prise de conscience). Kant non plus n'a jamais abandonné le paradigme de la philosophie critique, qu'il a seulement repensé dans un rapport problématique plus étroit avec l'effectivité d'une expérience en acte que la faculté de juger l'obligeait à prendre en considération. Dans les deux cas, la philosophie accède, non pas à un nouveau champ d'investigation, mais à un champ *plus originaire* qui n'est ni du côté du transcendantal (ou de la vie de l'esprit) ni du côté de l'empirique (ou du monde des apparences) : il est à leur frontière ou, si l'on préfère, dans leur *entre deux*.

De ce point de vue, aussi bien pour Kant que pour Arendt, le jugement est le lieu de médiation, de fusion (et de tension)

entre empirique et transcendantal, particulier et universel, réflexion et action, domaine des apparences et vie de la pensée. Ce qui se fait jour dans ce lieu n'est ni plus ni moins que *le monde*, dans toute son essence problématique pour la philosophie. L'enquête critique sur les conditions doit ainsi rencontrer les hommes et leur pluralité, la contingence et le caractère imprévisible des événements historiques[1].
Un passage d'un cycle de leçons inédites de Hannah Arendt cité par Ronald Beiner confirme cette reconstitution :

> La *Critique de la Faculté de juger* est le seul des grands textes de Kant dont le point de départ est le monde ainsi que les sens et les aptitudes qui rendent les hommes (au pluriel) propres à l'habiter. Ce n'est peut-être pas encore de la philosophie politique, mais c'est à coup sûr sa condition *sine qua non*. Si l'on pouvait découvrir que dans les aptitudes, les échanges régulateurs et le commerce entre les hommes étroitement liés les uns aux autres par la commune possession d'un monde (la terre), il existait un principe *a priori*, alors on aurait la preuve que l'homme est essentiellement un être politique[2].

Le principe en question, aussi bien pour Kant que pour Arendt, est précisément un principe esthétique. Le critère herméneutique fondamental que l'interrogation de Arendt met en œuvre dans sa lecture de la troisième *Critique* consiste à y déceler les signes d'un écart par rapport à la philosophie morale de Kant. Cet écart témoigne d'une récupération critique d'un problème ancien dans la réflexion de Kant (on le trouve déjà formulé

1. Je reprendrai ces thèmes dans le second chapitre, en traçant une ligne perspective de l'esthétique moderne allant de Kant à Nietzsche.
2. Cité par Ronald Beiner dans « Le jugement chez Hannah Arendt », dans H. Arendt, *Juger : sur la philosophie politique de Kant*, *op. cit.*, p. 200. Ronald Beiner se réfère à un cours professé par Hannah Arendt à l'automne 1964 à Chicago et intitulé « Kant's Political Philosophy » (cf. *Hannah Arendt Papers*, Library of Congress, container 41, p. 032259).

dans les *Observations sur le sentiment du beau et du sublime* qui remontent à 1764), qui regarde la question de la sociabilité, c'est-à-dire – l'écart est là – la prise en compte de la pluralité des hommes et de la contingence du monde au-delà de la détermination de la loi morale (l'impératif catégorique qui vaut pour tous les êtres rationnels en général). Le problème se présente donc dans les termes suivants : la question de la pluralité et de la contingence peut-elle être traitée de façon authentiquement critique ?
Afin de prouver que la question de la contingence occupe Kant dans un sens strictement politique, Arendt cite un beau passage de l'essai de 1786 intitulé *Qu'est-ce que s'orienter dans la pensée ?*

> On dit, il est vrai, que la liberté de parler ou d'écrire peut nous être ôtée par une puissance supérieure, mais non pas la liberté de penser. Mais penserions-nous beaucoup, et penserions-nous bien, si nous ne pensions pas pour ainsi dire en commun avec des autres, qui nous font part de leurs pensés et auxquels nous communiquons les nôtres ? *Aussi bien, l'on peut dire que cette puissance extérieure qui enlève aux hommes la liberté de communiquer publiquement leurs pensées, leur ôte également la liberté de penser* (c'est moi qui souligne) [1].

Nous sommes en 1786 et Kant a déjà conçu le projet d'écrire cette *Critique du goût* qui deviendra la *Critique de la faculté de juger* : le thème annoncé ici donnera lieu à un développement complexe sur la communicabilité et sur le « sens commun » [2] qui débouche sur une authentique – quoique singulière – fondation transcendantale.

1. E. Kant, *Qu'est-ce que s'orienter dans la pensée?* trad. fr. A. Philonenko, Paris, Vrin, 2001, p. 86.
2. *Cf.* chapitre 2.

À la question : la notion de la sociabilité (ce sens que nous avons en commun en tant que nous nous le communiquons publiquement) est-elle susceptible d'être traitée de façon critique ?, il faut donc donner une réponse positive : cette notion est au centre de la *Critique du jugement esthétique*, que Arendt considère comme une réflexion, non pas sur l'Homme, mais sur les hommes :

> Chaque fois que [Kant] parle de l'homme, on doit savoir s'il parle de l'espèce humaine, ou de l'être moral, de la créature raisonnable qui peut aussi exister en d'autres parties de l'univers, ou bien des hommes en tant qu'ils sont effectivement les habitants de la terre.
>
> Pour résumer, espèce humaine = humanité = partie de la nature = sujet de l'« histoire », ruse de la nature = à considérer selon l'idée de « fin », de jugement téléologique : seconde partie de la *Critique de la faculté de juger*.
>
> Homme = être raisonnable, soumis aux lois de la raison pratique qu'il se donne à lui-même, autonome, fin en soi, appartenant à un « *Geisterreich* », domaine des êtres intelligibles = *Critique de la raison pratique* et *Critique de la raison pure*.
>
> Les hommes = créatures terrestres, vivant en communautés, dotées d'un sens commun, *sensus communis*, sens de la communauté ; ils ne sont pas autonomes, chacun ayant besoin, même pour penser, de la compagnie des autres (« la liberté de la plume » = première partie de la *Critique de la faculté de juger* : jugement esthétique) [1].

La clef de voûte de l'interprétation de Arendt est sans nul doute le concept de « sens commun » ou « sens de la communauté » (*Gemeinsinn*), dont le fondement – comme le suggère déjà le mot « sens » (*Sinn*) – réside dans ce « sentiment », dans cette « *aisthesis* », qui se manifeste de manière exemplaire dans le

1. H. Arendt, *Juger : sur la philosophie politique de Kant*, *op. cit.*, p. 49-50.

jugement esthétique. Pour Arendt, qui commence sa lecture de la troisième *Critique* sur le thème kantien de la connexion indissoluble entre liberté de communiquer publiquement sa pensée et liberté de pensée *tout court*[1], l'espace ouvert de la *Polis* est un élément fondateur d'importance égale et nul sens commun ne survivrait à la suppression autoritaire d'un tel espace (les régimes totalitaires) pas plus qu'à sa dégénérescence dans le territoire asphyxiant (quand bien même globalisé) d'un *oikos* généralisé et nivelé, dans lequel il faut supposer que cette même faculté de juger se verrait paralysée et cette même *aisthesis* réduite et canalisée en une sensibilité incapable de rien rencontrer sinon les formes sociales – et les techniques – de la survie biologique, comme il arrive dans le cas de l'*animal laborans*, même accessoirisé de l'outillage admirable – éventuellement bio-technologique – mis au point par *homo faber* (qui est son délégué dans le monde de la technique). Une *aisthesis*, en somme, qui, de sentiment (*Gefühl*) imprégné de réflexion et ouvert au « sens de la communication » (*Gemeinsinn*), dégénère en une sensation (*Empfindung*) potentiellement informe[2] et se restreint à une sphère exclusivement « privée » (Kant nomme *Privaturteil* – « jugement privé » – ce jugement qui, procédant exclusivement d'une sensation, ne peut prétendre à l'assentiment universel).

La réticence de Hannah Arendt face à l'inflation du biopolitique dans la société moderne (« société » est pour elle un terme non politique) est donc la réponse adéquate à une motivation esthétique tout à fait pertinente, laquelle n'est pas étrangère à la question de la technique. Reste à voir si le phénomène du biopolitique ne pourrait pas se prêter à d'autres

1. En français dans le texte (note du traducteur).

2. Ce sera le fil conducteur des pages 104 à 108 du dernier chapitre de ce livre.

interprétations permettant de rouvrir le dialogue avec quelques thèmes abordés par Arendt, serait-ce par le biais du nœud plus étroit entre esthétique et politique que sa réflexion sur le jugement a permis de mettre en lumière.

J'engage maintenant une discussion sur trois paradigmes de la biopolitique, dont les conclusions nous reconduiront vers la pensée de Arendt.

souveraineté contre biopouvoir ?

C'est à Michel Foucault que revient le mérite d'avoir replacé le terme de « biopolitique » (déjà assez répandu et employé de façon largement non spécifique) dans le contexte pertinent, à la fois théorique et philosophique, d'une enquête systématique sur les dispositifs de pouvoir s'exerçant à travers des formes d'assujettissement locales et concrètes concernant en particulier, sinon de manière exclusive, l'espace et le corps. Les cours donnés au Collège de France de 1975 à 1977[1] réorganisent par disciplines l'horizon moderne du politique en le libérant des idées de souveraineté et de contrat social – qui, aux yeux de Foucault, ne capturent pas (ou plus) l'essentiel – et en le subsumant sous le concept de « biopolitique ». Il s'agit « de saisir le pouvoir du côté de l'extrémité de moins en moins juridique de son exercice [...], du côté où son intention, si intention il y a, est entièrement investie à l'intérieur de pratiques réelles et effectives[2] », lesquelles non seulement se dispensent de toute référence au *nomos* de la souveraineté, mais contribuent à le mettre en crise, faisant la démonstration que « le pouvoir doit être analysé comme quelque chose qui

1. *Cf.* M. Foucault, *La volonté de savoir*, Paris, Gallimard, 1976 ; *Il faut défendre la société*, Paris, Gallimard-Seuil, 1997 ; *Naissance de la biopolitique*, Paris, Gallimard-Seuil, 2004 ; *Sécurité, Territoire, Population*, Paris, Gallimard-Seuil, 2004.
2. M. Foucault, *Il faut défendre la société*, *op. cit.*, p. 25.

circule, ou plutôt comme quelque chose qui ne fonctionne qu'en chaîne », qui ne « s'applique » pas, juridiquement, aux individus, mais « transite par » eux en les constituant comme objets[1].

Le biopouvoir, forme de domination caractéristique de la modernité, met en évidence l'émergence d'un nouveau paradigme, opposé « terme par terme à la mécanique de pouvoir que décrivait ou que cherchait à transcrire la théorie de la souveraineté[2] ». La signification de ce nouveau paradigme ressort très bien d'une des définitions les plus claires et les plus programmatiques jamais formulées par Foucault : « L'homme, pendant des millénaires, est resté ce qu'il était pour Aristote : un animal vivant et de plus capable d'une existence politique ; l'homme moderne est un animal dans la politique duquel sa vie d'être vivant est en question[3] », si bien qu'« il faudrait parler de « bio-politique » pour désigner ce qui fait entrer la vie et ses mécanismes dans le domaine des calculs explicites et fait du pouvoir-savoir un agent de transformation de la vie humaine[4] ».

Comme chez Hannah Arendt, la biopolitique apparaît pour Foucault quand l'intérêt commun pour *l'eu zen* (le « bien vivre ») se transforme en intérêt pour la préservation de la vie comme telle, qui en détermine de manière le plus souvent inaperçue les dispositifs de contrôle et les formes d'administration spécifiques ; mais à la différence de Arendt, Foucault pense ce mouvement, non pas comme la négation, mais comme la transformation typiquement moderne du politique.

1. *Ibid.*, p. 26.
2. *Ibid.*, p. 32.
3. M. Foucault, *La volonté de savoir*, *op. cit.*, p. 188.
4. *Ibid.*

Parmi les événements caractéristiques du fonctionnement du biopouvoir, Foucault relève avant tout l'apparition de ce nouveau sujet politique qu'est la « population », c'est-à-dire un ensemble d'individus dont le statut – biologique plus que juridique – accorde un rôle privilégié à la démographie, à la statistique et à la médecine. La population exige avant tout d'être « assuranciée » par le biais d'un ensemble de dispositifs en contrôlant à la fois la préservation et l'augmentation, dans la mesure où la croissance des forces assujetties augmente à son tour – et c'est une nouveauté décisive – « la force et l'efficacité de ce qui les assujettit[1] ». C'est du reste sur ce point que le biopouvoir et le libéralisme concluent l'alliance tacite qui jette les fondements de la dégénérescence du premier en une forme ultralibérale de darwinisme social. Foucault accorde peu d'importance aux aspects techniques d'une telle dérive, qui représentent pourtant une réorientation décisive dans le domaine des phénomènes (bioesthétiques) de canalisation de la sensibilité.

Dans un second temps, avec des conséquences plus marquées sur les modèles théoriques impliqués dans la dénonciation du phénomène biopolitique (et à la place de choix qu'y occupe la question esthétique), il faut ajouter que cette nouvelle forme de pouvoir utilise un dispositif général d'assujettissement faisant bien plus appel à une norme implicite qu'à une loi explicite. Ce mode de fonctionnement implique un investissement spécifique des processus de formation du comportement normal des particuliers, qui tendent à se conformer aux comportements de la « population » dans le sens particulier que nous avons donné à ce terme[2]. Le processus de l'individua-

1. M. Foucault, *Il faut défendre la société*, *op. cit.*, p. 32.

2. *Cf.* la très bonne synthèse de Martine Leibovici, *Biopolitique et compréhension du totalitarisme* (« *Tumultes* », n°25, Paris, Éditions Kimé, 2005, p. 26-30). Pour une

lisation (différenciation) ressemble toujours plus à un processus d'assujettissement (nivellement). Apparaît finalement, comme objet de controverse opaque sous plusieurs aspects, la question du retournement de la biopolitique en thanatopolitique : Foucault pointe le problème sans en donner une représentation théorique adéquate.

C'est ce dernier aspect que les contributions d'Agamben et d'Esposito permettent de mettre en lumière.

Giorgio Agamben (*Homo sacer*) reconnaît à Foucault le mérite d'avoir clairement posé que, si l'on refuse de voir dans la politisation de la vie nue l'événement déterminant de la modernité, rien ne nous permet de décider si les oppositions catégorielles sur lesquelles repose la politique moderne (public/privé, absolutisme/démocratie, droite/gauche, etc.) – oppositions entrées aujourd'hui, selon Agamben, dans un processus d'indifférenciation croissante – doivent être abandonnées ou peuvent encore être repensées avec profit. Toujours selon Agamben, les deux axes majeurs de la pensée du dernier Foucault – celui des techniques politiques à travers lesquelles l'état prend en charge la vie nue et celui des « technologies du soi », c'est-à-dire des processus de subjectivation incitant l'individu à produire tout ensemble une identité personnelle et une forme assujettissante de normalisation – ne seraient pas parvenus à converger au sein d'un paradigme unitaire susceptible de mettre en lumière le lieu de leur possible intersection.

Déterminer ce lieu constitue l'objet théorique de la pensée d'Agamben sur la biopolitique (*Homo sacer*, *L'État d'exception*), laquelle part du postulat que modèle juridique institutionnel et modèle biocratique se rencontrent dans le fait que « la pro-

excellente présentation de la pensée de Foucault, lire Stefano Catucci, *Introduzione a Foucault*, Roma-Bari, Laterza, 2005.

duction d'un corps biopolitique est la performance originale du pouvoir souverain[1] ». Il n'y a donc aucune opposition entre souveraineté et biopolitique, mais bien une indissoluble unité des deux formes de pouvoir.

Le problème est tout autre : comment expliquer que la politique occidentale, dans ses origines grecques, se soit constituée avant tout comme force d'exclusion de la vie nue, ou *zoe*, de l'espace de la *polis*, avec comme conséquence directe la disqualification politique, déjà soulignée par Arendt, du territoire de l'*oikos* et de l'*animal laborans* ? La réponse d'Agamben est que cette exclusion, qui n'en est pas une à proprement parler, a pris la forme paradoxale d'une « exclusion inclusive », soit d'un acte par lequel quelque chose est inclus dans le champ du *nomos* par le geste même qui en sanctionne l'exclusion : en témoigne la figure juridique archaïque de l'*homo sacer*, un homme qui peut être tué à tout moment, mais ne saurait être exécuté ni sacrifié, rentrant ainsi dans le domaine du droit par le fait même qu'il s'en voie exclu.

On assiste ainsi à l'émergence de la structure du « ban » ou – ce qui revient au même – de l'« état d'exception ». Schmitt définit le souverain comme « celui qui décide de la situation d'exception[2] », c'est-à-dire comme celui qui exerce le pouvoir juridique à travers la suspension de sa mise en vigueur. Une telle conception doit être déconstruite par la mise en évidence du parallélisme inaperçu qui la relie au « ban » ou « exception » de la *zoe* au sein même du *bios* politiquement qualifié. Pour Agamben, la vie nue jouirait en fait, dans la politique occidentale, du privilège singulier d'être cela même dont l'exclusion inclusive fonde la cité des hommes.

1. G. Agamben, *Homo sacer*, trad. fr. M. Raiola, Paris, Seuil, 1998, p. 14.
2. C. Schmitt, *Théologie politique*, trad. fr. J.-L. Schlegel, Paris, Gallimard, 1988, p. 15.

Il convient de remarquer la convergence, autour du paradoxe de cette exclusion inclusive, d'un certain nombre de dispositifs conceptuels de caractère métathéorique, voire proprement transcendantal. Hormis une référence explicite à la figure hégélienne de l'*Aufhebung*, qui décrit de manière exemplaire le dispositif de l'état d'exception, mais en étend de toute évidence le domaine d'application, Agamben ne s'interdit pas d'établir un parallèle avec le langage : le nœud entre vie nue et politique serait analogue à celui qui, dans la définition de l'homme comme ce « vivant qui est doué du langage », articule le rapport entre la *phoné* et le *logos*, celui-ci étant à la fois un moyen de refouler et un moyen de conserver ce qui se manifeste dans la *phoné* (douleur et plaisir, selon Aristote cité ici par Agamben : c'est-à-dire ce que l'homme a en commun avec les autres vivants, tandis que le *logos* lui appartient en propre). De là, la définition générale selon laquelle : « La politique existe parce que l'homme est le vivant qui, dans le langage, sépare et oppose sa propre vie nue et, dans le même temps, se maintient en rapport avec elle dans une exclusion inclusive [1] ».

Je ne suivrai pas Agamben dans cette ouverture (ou dérive) transcendantale et mettrai plutôt l'accent sur sa thèse plus proprement historique, bien plus décisive à mes yeux : dans la modernité, « parallèlement au processus en vertu duquel l'exception devient partout la règle, l'espace de la vie nue, situé à l'origine en marge de l'organisation politique, finit progressivement par coïncider avec l'espace politique, où exclusion et inclusion, extérieur et intérieur, *bios* et *zoe*, droit et fait, entrent dans une zone d'indifférenciation irréductible [2] ».

La démocratie moderne se caractérise ainsi par l'effort qu'elle déploie – effort obscur, confus, objet de refoulement – pour

1. G. Agamben, *Homo sacer*, *op. cit.*, p. 16.
2. *Ibid.*, p. 17.

transformer la vie nue en forme de vie. De ce point de vue, certains événements typiques de la modernité (comme, par exemple, la déclaration des droits de l'homme) et d'autres événements qui semblent à l'inverse trahir une intrusion incompréhensible de principes biologico-scientifiques (ou tout simplement techniques) dans l'ordre politique (comme l'eugénisme nazi ou le débat actuel sur la détermination normative des critères permettant de distinguer entre euthanasie et interruption de l'acharnement thérapeutique) doivent être ramenés au contexte biopolitique et au schéma d'exclusion inclusive qui le fonde (état d'exception devenu norme) pour acquérir une signification authentique.

Cela implique – dernière thèse d'Agamben, et combien décisive ! – que le *camp*, en tant que pur espace biopolitique, « structure dans laquelle l'état d'exception, dont la décision fonde le pouvoir souverain, est réalisé normalement »[1], représente nécessairement le paradigme caché de l'horizon politique de la modernité : lieu d'indistinction entre biopolitique et thanatopolitique.

« Cela signifie – écrit Agamben – qu'aujourd'hui [...] la vie et la mort ne sont pas proprement des concepts scientifiques, mais des concepts politiques qui, comme tels, n'acquièrent une signification précise qu'à travers une décision »[2]. Il convient d'ajouter, même si Agamben marginalise ce point, qu'une telle décision est à tel point et si intiment liée aux manipulations du vivant que la technique multiplie qu'elle finit par dépendre d'elles dans la mesure où la vie nue devient désormais « intégralement contrôlée par l'homme et sa technologie[3] ».

1. G. Agamben, *Homo sacer*, *op. cit.*, p. 183.
2. *Ibid.*, p. 177.
3. *Ibid.*, p. 178.

Agamben résume sa position dans trois conclusions théoriques :

1. la relation politique originaire est le ban (l'état d'exception en tant que zone d'indifférence entre extérieur et intérieur, exclusion et inclusion).
2. L'acte fondamental du pouvoir souverain est la production de la vie nue en tant qu'élément originel et seuil d'articulation entre nature et culture, *zoe* et *bios*.
3. Le paradigme biopolitique de l'Occident est aujourd'hui le camp et non la cité[1].

Nous observerons pour finir que la pénétrante réflexion menée par Agamben n'ouvre apparemment sur aucune perspective d'interprétation susceptible de relever la moindre trace d'émancipation possible dans la sphère biopolitique. La proposition de Roberto Esposito, parallèle à celle d'Agamben sous tant d'autres aspects, et jusque dans son articulation argumentative, s'en éloigne sur le point suivant : le phénomène biopolitique y est envisagé à partir d'un modèle interprétatif plus général, défini comme « paradigme immunitaire », que l'on peut considérer comme une version plus souple et plus englobante du concept d'« état d'exception ».

Cette relecture capitale du phénomène biopolitique jette les bases d'une réflexion « affirmative » riche de très fortes implications esthétiques.

le paradigme immunitaire et la protection négative de la vie

À l'instar des auteurs étudiés jusqu'ici, Esposito[1] s'emploie à trouver un concept adéquat pour penser la zone d'intersection

1. *Ibid.*, p. 195.

de la sphère de la vie et de la sphère du droit. Le concept d'« immunité » satisfait à cette exigence, dans la mesure où ce qui caractérise l'espace immunitaire est une position de frontière dont l'indice est déjà présent dans la signification courante du terme : les termes d'immunité ou d'immunisation s'emploient aussi bien à propos d'une résistance, naturelle ou induite, à une maladie contagieuse, que, dans le lexique juridico-politique, à propos d'un individu exonéré de certaines obligations ou responsabilités (comme dans le cas de l'immunité parlementaire).

L'immunité désigne donc en même temps un mode de protection présupposant la présence d'un mal à combattre, comme le montre clairement la production artificielle d'anti-corps par le vaccin, et une forme d'exemption à l'endroit des obligations qui unissent les membres d'une communauté (c'est-à-dire du *munus* : dette originaire des membres de la *com-munitas*[2]). De l'acception biomédicale de l'immunité, Esposito tire une conséquence essentielle, dont il sera nécessaire d'examiner l'extension dans le domaine juridique : le concept de « protection négative de la vie », reformulation topique de la figure de l'exclusion inclusive.

> À travers la protection immunitaire, la vie combat ce qui la nie selon une stratégie prenant la forme, non pas d'une opposition frontale, mais bien d'un contournement et d'une neutralisation. On combat le mal – mais pas en le tenant à distance de ses propres frontières. Tout au contraire, en l'incluant à l'intérieur de soi. La figure dialectique ainsi

1. R. Esposito, *Immunitas. Protezione e negazione della vita*, Torino, Einaudi, 2002; « Biopolitica, immunità, comunità », *in* Bazzicalupo & Esposito, 2003, p. 123-134; *Bios. Biopolitica e filosofia*, Torino, Einaudi, 2004.

2. *Cf.* R. Esposito, *Communitas : origine et destin de la communauté*, trad. fr. N. Le Lirzin, Paris, P.U.F., 2000.

> délimitée est celle d'une inclusion qui exclut ou d'une exclusion par inclusion[1].

Pour se conserver, la vie doit donc se séparer d'elle-même par l'insertion d'une substance qui la contredit subtilement, « elle doit se plier à une force extérieure, voire hostile, qui en inhibe le développement[2] », elle doit accepter d'être retenue « dans l'horizon de sens de son contraire », nécessité donnant lieu à une antinomie qui, aux yeux d'Esposito, traverse tous les langages de la modernité.

En quoi le paradigme immunitaire peut-il éclairer le concept de biopolitique ?

Avant tout, cette antinomie entre biopolitique et thanatopolitique qui troublait tant Foucault trouve aussitôt son fondement dans un dispositif (immunitaire) qui en articule explicitement les deux termes. La protection négative de la vie peut en effet à tout moment se retourner en véritable négation : c'est le cas des maladies dites auto-immunes, dans lesquelles le système immunitaire, par excès de protection, se retourne contre l'organisme dont il devait assurer la défense. L'application de ce phénomène à la description des événements biopolitiques contemporains les plus frappants est immédiatement évidente : souvenons-nous des mesures de protection contre le terrorisme qui ont suivi le 11 septembre 2001, dans lesquelles l'obsession du risque a fini par se retourner systématiquement en un véritable danger, comme si « au lieu d'adapter le niveau de protection à l'importance du risque lui-même, on adaptait la perception du risque à l'exigence

1. R. Esposito, *Bios. Biopolitica e filosofia*, *op. cit.*, p. 10. Notre traduction.
2. *Ibid.*, p. 11.

croissante de protection – comme si on créait artificiellement un risque, pour pouvoir le contrôler[1] ».

Comme Agamben, Esposito remarque que, dès lors que la politique prend en charge la protection de la vie comme objet d'intervention directe, elle ne peut que la réduire à un état d'immédiateté absolue, c'est-à-dire à une vie nue intimement liée à une sémantique du corps biologique qui en tire des effets de caractère juridique.

L'adoption du paradigme immunitaire permet pourtant de sortir de l'impasse dans laquelle se trouvaient aussi bien Foucault qu'Agamben, d'envisager des opportunités propres à l'horizon biopolitique et d'esquisser une opposition significative entre la biopolitique comme politique *sur* la vie (biopouvoir) et la biopolitique comme politique *de* la vie, avec pour conséquence éventuelle un renversement des résultats mortifères et auto-immunes du biopouvoir en autant de modalités de redéfinition affirmative du *bios* politisé.

D'où une question brûlante : le système immunitaire pourrait-il reconnaître l'étranger dans un autre but que celui de le neutraliser ? Autrement dit : ce dispositif offre-t-il une alternative à la protection négative et potentiellement auto-immune ? Une réponse positive est offerte par le cas de la tolérance immunitaire, particulièrement spectaculaire dans le phénomène de la grossesse et de la naissance : le système immunitaire, non seulement n'attaque pas le système hétérogène qui se greffe sur l'organisme, mais va jusqu'à le protéger et cela justement parce qu'il a reconnu son hétérogénéité.

Un concept central de la pensée politique de Arendt réapparaît ici, quoique dans un autre contexte : le concept de natalité,

1. R. Esposito, « Biopolitica, immunità, comunità », *in* L. Bazzicalupo, R. Esposito, *Politica delle vita*, Roma-Bari, Laterza, 2003, p. 127.

dont Esposito tire d'importantes conséquences d'une grande complexité[1] :

> L'expérience de la naissance – ou, du point de vue de la mère, celle de « mettre au monde » ou de « donner le jour » – rompt, au sein même du mécanisme immunitaire dont elle dépend, le lien nécessaire entre protection et négation de la vie. Dans ce cas précis, la protection exercée à l'endroit du fœtus consiste en une affimation absolue : la vie, pour une fois, et chaque fois que quelqu'un vient au monde, est confirmée en tant que telle et se trouve protégée précisément dans le moment où elle s'affirme. Au moins dans ce cas, le principe de conservation ne se distingue pas du principe de renouvellement : ce qui est conservé est la possibilité de renouveler la vie, c'est-à-dire la vie elle-même comme puissance de renouvellement. De ce point de vue, la fonction immunitaire laisse très clairement transparaître le rapport intrinsèque qui la lie à son contraire. La naissance constitue ce point originaire où l'*immunitas* ne se distingue pas de la *communitas* – où la première renforce et amplifie la seconde au lieu de la neutraliser[2].

pour une biopolitique affirmative

La biopolitique est donc susceptible d'une lecture affirmative : l'idée est reprise et développée dans le dernier chapitre de *Bios. Biopolitica e filosofia*[3] et l'argumentation ouvre un grand nombre de perspectives intéressantes pour l'esthétique.

Le postulat d'Esposito est le suivant : la modernité a fait de l'autoconservation individuelle le présupposé aveugle de toutes

1. Conséquences sur lesquelles, nous le verrons, viendront se greffer d'intéressants développements de caractère esthétique.

2. *Ibid.*, p. 131-132. Notre traduction.

3. R. Esposito, *Biopolitica e filosofia*, *op. cit.*

les autres catégories du politique, de la catégorie de la souveraineté à celle de la liberté. Plus précisément, du fait du tournant totalitaire des années trente, particulièrement dans sa version nazie, la vie est devenue immédiatement traduisible en politique. Le régime nazi porta « la biologisation de la vie à un niveau jamais atteint auparavant : il traita le peuple allemand comme un corps biologique qui aurait eu besoin d'une thérapie radicale consistant en l'ablation violente d'une de ses parties déjà morte spirituellement. »[1] et opérant en outre une convergence complète de la politique et de la technique[2].

Esposito identifie trois figures de la biopolitique nazie – trois dispositifs immunitaires de protection négative de la vie – et suppose que leur déconstruction pourrait faire apparaître autant de figures d'une politique de la vie. Ces dispositifs immunitaires ont tous pour toile de fond l'eugénisme nazi et partent du principe que les processus de dégénération naturelle se trouveraient inversés en processus d'eugénisme artificiel conduisant, en dernière instance, au génocide techniquement administré :

> Si les peuples civilisés sont exposés à un destin de dégénération progressive, le seul moyen de les sauver est de renverser le cours d'un tel processus. D'arracher la dégénérescence au mal qui la corrompt pour la rendre à l'horizon du bien, du sain, du parfait. La substitution du préfixe positif « eu- » au préfixe négatif « de- » exprime de la manière la plus immédiate cette intention reconstructrice. Mais la simplicité de l'échange ne rend pas compte d'un double déplacement. En un premier temps, déplacement du registre descriptif – duquel restait prisonnière la sémantique dégéné-

1. R. Esposito, *Bios. Biopolitica e filosofia*, *op. cit.*, p. XIV.
2. *Ibid.*, p. XV.

rative – au registre prescriptif : ce qui était conçu comme donné ou comme processus devient dans l'eugénétique un projet, un programme d'intervention. En un second temps, déplacement consécutif du domaine de la nature à celui de l'artifice : tandis que la dégénération reste un phénomène naturel, interne à la sphère du *bios*, la procédure eugénétique relève de la technique [1].

Trois figures fondamentales du biopouvoir nazi se dessinent alors, trois dispositifs immunitaires qu'Esposito définit ainsi :
1. juridisation du *bios*.
2. double forclusion du corps.
3. élimination anticipée de la naissance.

Le premier dispositif donne lieu à un chiasme – normalisation de la vie et biologisation du *nomos* – à l'intérieur duquel les deux composantes sémantiques de l'*immunitas*, la composante juridique et la composante biologique, se superposent pour la première fois de façon complète. La manifestation la plus accomplie d'un tel chiasme est le camp de concentration et d'extermination. Esposito l'interprète, comme le faisait Agamben, à la lumière du concept d'« état d'exception » :

> Saisissant directement la vie – et non sa dimension formelle –, le droit ne peut s'exercer [dans le camp] qu'au nom de quelque chose qui le suspend en même temps qu'il l'absolutise. Contre l'opinion commune que les nazis se bornèrent à détruire la loi, il faut soutenir au contraire que ceux-ci l'étendirent au point d'intégrer à son domaine ce qui l'excédait de façon évidente. En prétendant déduire la loi de la sphère de la biologie, ils soumettaient au commandement de la norme tout le domaine de la vie.
>
> Conçu pour enfermer les auteurs de crimes non encore commis, et donc ne tombant pas sous le coup des lois en

1. R. Esposito, *Bios. Biopolitica e filosofia*, *op. cit.*, p. 135. Notre traduction.

> vigueur, [le camp] relève du domaine de la « détention préventive » (*Schutzhaftlager*), comme il était en effet écrit à l'entrée de Dachau. Ce qui y était détenu de façon préventive, c'est-à-dire entièrement déchu de droit, était la vie en tant que telle, soumise à une présupposition normative qui ne lui laissait plus aucune voie de sortie [1].

Le second dispositif se concentre sur le corps et sur sa valeur symbolique. Pour Esposito, le corps biopolitique nazi est pensé comme corps forclos, cloué au donné biologique (qui s'identifie d'abord dans l'intégrité du Moi), c'est-à-dire comme un corps qu'il s'agit de protéger à la fois contre le risque d'une agression extérieure et contre un ferment dégénératif exogène, ce mal qu'il peut laisser croître à l'intérieur de lui-même. En un second temps – et voilà la double forclusion – le corps est pensé comme un corps ethnique, comme race à l'unité, à la pureté et à la protection de laquelle il est nécessaire d'appliquer les mêmes procédures eugéniques que l'on emploie à la préservation du corps biologique.

Le troisième dispositif fondamental de l'eugénisme nazi pousse jusqu'à ses dernières conséquences le mouvement de la prévention et passe à l'élimination préventive de la naissance. La logique de la stérilisation – clef de voûte prophylactique de la biocratie nazie – frappe non seulement la vie, mais la genèse de la vie, l'événement de la naissance comme tel.

Il convient d'observer – et je reviendrai sur ce motif déjà abordé dans ma préface – que la thanatopolitique propre à l'eugénisme nazi et à ses techniques est intrinsèquement liée à la dérive assurantielle, avec comme impressionnante réaction auto-immune d'en faire ressortir la conséquence ultime, mais inéluctable : l'anéantissement. Si l'on observe la vie sous le seul point de son assurance, la sécurité maximale est

1. R. Esposito, *Bios. Biopolitica e filosofia*, *op. cit.*, p. 151. Notre traduction.

indubitablement « de ne pas être né ». Sur ce point, nous le verrons, la protection négative de la vie, en tant qu'elle est l'axe de tous les renversements de la biopolitique en thanatopolitique, conclut son alliance la plus solide – et pourtant la moins obvie – avec le programme assurantiel de la technique. Nous verrons pourtant qu'un tel projet doit avoir recours à des mécanismes d'anesthésie et de canalisation radicales de la sensibilité, et donc à une « bioesthétique ». Ce n'est pas par hasard que l'esquisse de déconstruction des dispositifs de l'eugénisme nazi proposée par Esposito dans les dernières considérations de son essai s'appuie sur une vaste entreprise de réhabilitation des raisons du sensible et de la contingence, ainsi que sur une réévaluation des concepts susceptibles d'en être les véhicules : le corps, la naissance, l'individu.

À la double forclusion du corps fait pendant le concept de « chair », qu'Esposito emprunte aux dernières réflexions de Merleau-Ponty (*Le Visible et l'invisible*). Quels opérateurs peuvent causer un tel renversement ? Selon moi, les opérateurs de l'ouverture, de la réversibilité et du dédoublement[1]. À un corps enchaîné à lui-même et forclos dans le corps de la race s'oppose l'ouverture réflexive essentielle qui – selon Merleau-Ponty – dédouble le « corps propre » (le *Leib*, la *chair*[2]) en vu et en voyant, percevant et perçu. Une telle ouverture situe en outre dans cette « déhiscence » constitutive de la chair le lieu ultime de la déconstruction de tout dualisme : il n'est plus nul besoin d'un *nous* intelligible, si le dédoublement et l'intime différence à soi du sensible suffisent à fonder la relation chiasmatique (et toujours réversible) entre registre du signifiant et registre du signifié. Dans la discussion de ce

1. Opérateurs que nous retrouverons comme principes constructifs de l'image dans la dernière partie de cet essai

2. En français dans le texte (*note du traducteur*).

thème, Esposito accentue la distinction nécessaire entre *incorporation* et *incarnation*. Le point est capital dans la mesure où l'incarnation est susceptible de prêter main forte à une compréhension innovante de la technique :

> Ce qui paraît logiquement impensable par la culture classique est le deux-en-un ou l'un-qui-se-fait-deux à travers un mouvement de sortie de soi du corps coïncidant à l'insertion à l'intérieur du corps de quelque chose qui ne lui appartient pas naturellement.
> C'est ce transfert, cette contagion, cette dénaturation qui, à propos de la notion de chair, doivent être repensés en dehors du lexique chrétien, c'est-à-dire comme possibilité biopolitique de mutation, ontologique et technologique, du corps humain. *On pourrait dire que la biopolitique est la forme non chrétienne de l'incarnation* [1].

À l'élimination préventive de la naissance fait pendant, comme nous l'avons déjà entrevu, la reprise et la réélaboration du concept arendtien de natalité. Esposito prend soin de souligner le caractère d'altération constituante inhérent à l'événement de la naissance, dans la mesure où la lecture de Arendt le rattache à la détermination la plus authentique de l'action – cette détermination qui y voit un commencement, l'irruption d'un nouveau départ dans le « monde des hommes ». Comme Freud le défendit avec une audace exemplaire dans *L'Homme Moïse et la religion monothéiste* (Esposito rappelle la thèse subversive d'un « Moïse égyptien »), le fait de commencer équivaut à dédoubler l'origine sous la forme d'une « non-originarité originaire qui, loin de s'auto-appartenir, s'arrache

1. R. Esposito, *Bios. Biopolitica e filosofia*, *op. cit.*, p. 184. Notre traduction. C'est P. Montani qui souligne.

à elle-même en se dédoublant dans son autre, c'est-à-dire dans l'autre de tout être propre[1] ».

À la normatisation de la vie et à la biologisation du droit fait pendant le concept biopolitique (affirmatif) de « norme de vie », c'est-à-dire l'émergence de la figure de l'individuation dans le sens d'un interminable processus de construction de l'autonomie normative de l'individu, qui commence avec la naissance.

Les trois figures mises en lumière par Esposito sont étroitement liées à un mouvement d'*ouverture* du corps vers le dehors et vers l'autre, vers la pluralité et vers l'hybridation. Ce mouvement permet de rendre au corps la condition d'« impropriété originaire » susceptible de le soustraire à la dérive immunitaire de la biopolitique en l'orientant vers une autre conception de la *communitas* et du rôle que pourrait y jouer une politique *de* la vie. Un des aspects essentiels de ce mouvement réside dans le fait qu'il consent et appelle une interprétation qui en valorise les nombreuses implications esthétiques. Ce corps constitutivement ouvert à l'autre que soi est celui que nous trouverons à l'origine de la réflexion sur la sensibilité inaugurée et développée par une tradition spécifique de l'esthétique moderne. Mieux encore, comme nous le verrons dans le troisième chapitre, il s'agit d'un corps extroversé depuis toujours dans un élément technique qui en confirme l'altération originaire et en investit la singulière ouverture (autant pour la réduire que pour l'augmenter).

Un rapide commentaire de la troisième figure d'une biopolitique affirmative – celle de l'individuation ou « norme de vie » – va nous permettre de clarifier cette double pertinence esthétique et technique qui fera l'objet d'une étude plus approfondie.

1. *Ibid.*, p. 192. Notre traduction.

Si le processus de l'individuation doit évidemment être relié au concept de naissance en tant qu'irruption du singulier dans le « monde des hommes » arendtien (et kantien), il n'en demeure pas moins que l'irréductible singularité du fait de venir au monde ne suffit pas à fonder la singularité en tant que condition de l'être pluriel.

Pour développer ce point, Esposito se tourne vers la pensée de Gilbert Simondon qui, sur le problème de l'individuation, a mené dans les années cinquante une réflexion très originale, étroitement liée à une réflexion tout aussi remarquable sur le problème de la technique. La thèse centrale de Simondon[1] admet deux présupposés : la norme doit être entendue au sens d'une règle immanente (non dérivée d'un corpus ou d'un code préétabli) que la vie se donne à elle-même afin d'atteindre à son plus haut niveau d'extension; les « individus » émergent d'un « fond pré-individuel » dont ils actualisent les potentialités de manière autonome sans jamais parvenir à une formation qui ne puisse à son tour donner lieu et offrir matière à une nouvelle forme d'individuation. À partir de ces deux présupposés, Simondon peut défendre l'idée que le modèle normatif le plus complet est celui qui préfigure le mouvement de sa propre déconstruction en faveur d'un supplément d'individuation.

Dans l'épistémologie de Simondon, le processus identifiant le devenir à un interminable mouvement d'individuations successives peut être appliqué aussi bien au vivant qu'à l'objet technique qui, de ce fait et – nous en reparlerons – sans aucune métaphore, possède un « mode d'existence ». Ajoutons qu'un tel processus doit être appliqué à l'interaction entre objet technique et individu biologique, quand bien même Simondon

1. *Cf.* G. Simondon, *L'individuation psychique et collective à la lumière des notions de Forme, Information, Potentiel et Métastabilité*, Aubier, Paris, 1989.

ne fait pas mention de la biotechnologie qui, à l'époque où il écrivait, n'avait pas encore manifesté son aptitude à redéfinir de façon globale le paradigme de la technique et la compréhension du vivant.

Au plus haut degré de son opposition à la biopolitique auto-immune et à l'eugénisme nazi (qui débouchèrent sur le génocide et la suppression de la naissance), Esposito introduit donc – comme développement des concepts de chair et de naissance – le processus définissant l'individu par son aptitude à l'auto-nomie, c'est-à-dire par sa capacité d'établir et de se donner des normes nouvelles. À proprement parler, il n'y a pas d'individus, mais d'interminables processus d'individuation, à la fois ouverts, sensibles au dehors et à l'autre, et – comme l'exige le concept de l'*incarnation* – intimement hybridés au phénomène de la technique, à qui l'on doit reconnaître le droit de participer pleinement au « fond pré-individuel » dans lequel puisent ces processus. Il n'est nul besoin de souligner combien cet ensemble de catégories emprunte à la question de la sensibilité, qui y joue de toute évidence le rôle d'*élément fondateur*; mais il peut être utile d'indiquer la possibilité d'une autre convergence esthétique, sur laquelle nous reviendrons en temps voulu. Dans notre discussion de l'esthétique kantienne, nous verrons que la faculté de se donner de nouvelles règles est un caractère distinctif de l'œuvre d'art authentiquement exemplaire, dans laquelle le mouvement de l'autonomie normative se concentre et resplendit dans l'exceptionnelle cohérence interne d'un individu – l'œuvre elle-même – capable à la fois de produire sa propre légitimité et d'agrandir l'horizon du sens commun et de la *communitas* qui se reconnaît en lui.

chapitre 2
esthétique

la nature fondatrice du sentiment esthétique

L'esthétique, c'est important de le rappeler, est non seulement une discipline moderne, mais une discipline qui a profondément contribué à la constitution et à l'autocompréhension de ce que nous appelons « modernité ». La réduire à une « philosophie de l'art » plus ou moins spécialisée ne saurait en aucun cas faire justice à son caractère constitutif. Son horizon philosophique demande au contraire d'être interrogé à partir des exigences théoriques fondamentales qui en signalèrent la naissance. Ce n'est qu'à ce niveau que deviendront manifestes les relations entre esthétique et biopolitique et, de façon subordonnée, le rôle (ou les différents rôles) que les arts peuvent y jouer. J'analyserai un certain nombre de concepts frayant la voie d'une réflexion esthétique dont Kant, Schiller et Nietzsche sont les repères historiques les plus décisifs; et je me servirai de ces concepts pour mettre au jour le paradigme qui nous permettra de circonscrire la vaste zone d'intersection dans laquelle l'objet de l'esthétique et l'objet du biopouvoir entrent dans un rapport significatif.

Que peuvent avoir en commun les trois philosophes que je viens de citer? Dans un passage du cours de 1936 consacré à Nietzsche et intitulé *La Volonté de puissance comme art*, Heidegger suggère, de manière extrêmement dense, qu'ils auraient tout trois pris conscience du caractère fondateur du sentiment esthétique :

> L'interprétation kantienne du comportement esthétique en tant que *plaisir de la réflexion* [*Lust der Reflexion*] pénètre dans un état fondamental de l'être-homme dans lequel seulement l'homme parvient à la plénitude fondée de son essence. Il s'agit de cet état que Schiller a compris comme condition de la possibilité de l'existence historiale-historialisante [*des geschichtlichen Geschichtgründendes*], de l'homme [1].

Heidegger formule ici deux thèses décisives. D'abord, que l'esthétique (de Kant, de Schiller et de Nietzsche), débordant le champ d'une connaissance des arts, touchent aux fondements mêmes de l'essence de l'homme. Ensuite, que celle-ci doit être considérée comme intrinsèquement historique, non pas dans le sens évident qu'elle est « dans l'histoire », mais dans le sens que c'est *par elle que l'histoire arrive*.

Dans cette perspective, que peut bien signifier un « comportement esthétique » ? Heidegger l'explique par une référence à l'idée kantienne du « plaisir de la réflexion » : cet état particulier de notre sensibilité (j'y reviendrai de manière plus approfondie) grâce auquel nous *nous* sentons en parfait accord avec la très grande multiplicité et la très grande hétérogénéité des « formes de la nature » qui s'offrent à notre perception et grâce auquel nous nous trouvons donc à même de convertir en une expérience douée de sens et communicable tous les signaux que nous recevons de notre environnement, et pas seulement un petit nombre d'entre eux comme ils arrivent aux animaux non humains (ou aux machines programmées).

Nous citerons un autre passage du cours de Heidegger dans lequel le « sentiment esthétique » est reconduit à sa « dimension originaire » :

1. M. Heidegger, *Nietzsche*, trad. fr. P. Klossowski, Paris, Gallimard, 1971, tome 1, p. 107.

> Dans le sentiment s'ouvre et demeure ouvert l'état dans lequel nous nous trouvons à la fois face aux choses, face à nous-mêmes et face aux hommes-avec-nous. Le sentiment est par lui-même cet état ouvert à lui-même, dans lequel oscille notre être-là.
> L'homme n'est pas un [être] pensant, qui de surcroît voudrait, en sorte qu'à la pensée et au vouloir dussent s'ajouter des sentiments, soit pour l'embellissement, sous pour l'enlaidissement. C'est au contraire la « disposition » du sentiment qui constitue le fait primitif, de telle sorte cependant que le penser et le vouloir lui appartiennent[1].

Dans les deux extraits que je viens de citer, le comportement esthétique est entendu comme un sentiment de plaisir particulier, à la fois réflexif *et* transitif (je *me* sens et sens dans le même temps la multiplicité des formes qui s'offrent à moi), perceptif *et* productif (je perçois des signaux et postule dans le même temps l'existence de régularités conceptualisables). Le terme d'« état » employé pour définir ce comportement ne rend pas justice au caractère actif et opératoire de l'état esthétique, que Kant définissait d'ailleurs – écartant l'hypothèse d'un état purement contemplatif – comme « libre jeu de l'imagination et de l'entendement ». Autrement dit, l'état esthétique doit être entendu au sens d'une exploration de l'ouverture indéterminée du sens dans le champ de laquelle nous sentons et rencontrons les choses, exploration au cours de laquelle le travail de notre imagination productrice – accompagnée, mais non subordonnée à l'entendement – se montre capable d'enregistrer des régularités (par exemple des ébauches de classifications), de postuler de véritables lois empiriques, voire de donner un sens spécifique (sous la forme de véritables images ou de contenus linguistiques communicables) à ce

1. *Ibid.*, p. 54.

qui ne sera jamais que du « bruit » pour les autres êtres sensibles[1].

La dimension fondatrice que Kant, Schiller et Nietzsche confèrent à l'esthétique nous autorise donc à considérer cette discipline typiquement moderne comme une réflexion dont l'objet serait triple : connexion intime de la perception humaine (l'*aisthesis*) à la sphère de l'opération cognitive et de la production de sens ; ouverture naturelle de cette perception à la *praxis* qui donne lieu à des formes de savoir et à des formes de vie – mais nous y reviendrons plus loin ; et, enfin, rattachement de cette perception à la sphère de la production, et donc à l'artificialité et à la technique. C'est finalement de ce point de vue – et à cette latitude – que l'esthétique doit être considérée comme une discipline moderne : une des sondes les plus profondes qui ait jamais pénétré le sujet de la modernité. La question de l'art, comme nous le verrons, devra être comprise à partir de cette détermination plus large.

J'analyserai maintenant certains des concepts qui caractérisent, dans la perspective que je viens d'indiquer, l'esthétique des trois auteurs que Heidegger nous invite à relire ensemble.

sens commun, communauté et production du consensus

Ce ne serait pas une erreur que de redessiner l'unité essentielle de la *Critique de la faculté de juger* (*CFJ*) – et donc de l'esthétique kantienne – en suivant le fil conducteur d'une requalification toujours plus explicite de la nature et de la fonction de l'imagination productrice. Le concept qui permet à Kant de thématiser le primat de l'imagination productrice par rapport aux autres facultés est celui du génie. Plus précisé-

1. Je reviendrai sur ces thèmes aux pages 130 à 141, quand j'analyserai la lecture originale qu'en présente Emilio Garroni dans son dernier ouvrage.

ment, le concept de l'*exemplarité* de l'œuvre du génie. Avant d'examiner ce point précis, il convient de s'arrêter sur un autre concept d'une importance capitale – celui du « goût » ou « sens commun » – auquel Kant accorde un rôle stratégique. J'ai déjà fait allusion à la question du rapport entre le « libre jeu de l'imagination et de l'entendement » (à l'envi : « état esthétique » ou « plaisir réfléchissant ») et la production d'hypothèses cognitives au sens strict (régularités, classifications, lois empiriques). Il ne s'agit de rien moins que de la *valeur épistémologique* explicite que Kant accorde au sentiment de plaisir – et donc au goût – entendu comme *condition esthétique* de la connaissance déterminée : par exemple, de la connaissance scientifique. En quel sens la formulation d'une hypothèse scientifique dépendrait-elle d'une anticipation esthétique préliminaire et autonome ? La réponse de Kant est la suivante : dans notre aptitude à nous orienter dans la grande variété des formes de la nature afin de les subsumer sous des concepts déterminés susceptibles à leur tour d'être coordonnés au sein d'un système de lois aussi cohérent que possible, notre « capacité de jugement réfléchissant » – qui a pour mission d'œuvrer à cette systématisation en postulant l'existence d'une règle – agit « comme si » un ordre intelligible organisait l'apparente disparité des formes qui s'offrent à nous, « comme si » la nature avait été conçue et projetée comme objet de connaissance[1]. La nature de ce présupposé ou de cette fiction que la capacité réfléchissante admet comme « principe » hypothétique n'est ni objective ni logique (elle ne nous dit rien ni des objets que nous cherchons à connaître ni des lois que nous cherchons à coordonner) et ne donne lieu qu'au sentiment – indéterminé, mais déterminable – d'un accord entre

1. *Cf.* E. Kant, *Critique de la faculté de juger*, trad. fr. A. Delamarre *et al.*, Paris, Folio-Gallimard, 1985, *Introduction*, § 4-7.

nos facultés cognitives et la multiplicité du donné qui s'offre à elles. Plus radicalement : si nous ne nous sentions pour ainsi dire en harmonie avec la pluralité et la disparité du donné sensible, non seulement nous ne nous soucierions pas de le déterminer dans sa multiplicité même (comme il arrive aux autres êtres doués de sensibilité : les animaux non humains et les machines « sensibles » programmées), mais le donné sensible lui-même ne se présenterait pas à nous sous cette forme : c'est-à-dire dans sa multiplicité et dans sa disparité. C'est donc seulement en vertu d'un sentiment esthétique que nous nous maintenons en contact avec la richesse infinie du contingent, dans le champ duquel la faculté du jugement réfléchissant – qui conçoit subjectivement ce sentiment comme principe autonome – peut se déplacer librement, organiser notre expérience cognitive et postuler des critères d'unité et de cohérence.

Le moment essentiel de cette analyse est le suivant : le principe de la faculté réfléchissante du jugement ne saurait constituer l'objectivité des objets, mais se limite à nous informer sur la manière dont ils s'offrent à notre sensibilité. Dans sa forme la plus originaire, ce principe ne définit rien d'autre que le fait que nous *nous sentions* dans cette ouverture essentielle du sens (anticipation ou simulation) à l'intérieur de laquelle nous sont donnés des objets d'expérience. La réflexion kantienne sur la faculté de juger remet donc en question de manière radicale – d'où la modernité de l'esthétique – l'opposition rationaliste entre sujet et objet, et thématise une *condition plus originaire* dans laquelle le *sensible* se détache sur un horizon qui en anticipe la *significabilité* au sein d'une unité, non pas logique (il ne s'agit pas d'un concept), mais esthétique : c'est l'unité d'un sentir et d'un *se sentir*, un sentiment de plaisir imprégné de réflexion. Pour Kant, cette unité esthétique ne doit en aucun cas être conçue, de manière rationaliste, comme une connaissance qui, aussi confuse et diffuse qu'elle soit, apparaîtrait pourtant objective et perfectible; elle doit au contraire être conçue comme l'effet d'un principe esthétique autonome, propre à la faculté réfléchissante du jugement et, en dernière analyse, à l'*aisthesis* du sujet humain.

À ce stade de son analyse, Kant pose la question de savoir s'il existe des jugements dont une pure unité esthétique constituerait le « fondement déterminant ». Autrement dit : y a-t-il des jugements susceptibles de mettre en jeu et de faire ressortir le principe esthétique de la faculté réfléchissante du jugement? Et la réponse – à travers laquelle la philosophie kantienne rejoint la question du beau – est que ces jugements existent et qu'il s'agit de ces *jugements de goût* qui nous font parler de la beauté de telle ou telle chose.

La rencontre du beau est l'occasion d'un pur jugement réfléchissant, lequel ne désigne rien d'autre que le sentiment d'un accord de nos facultés cognitives (imagination et entendement) avec un objet qui les maintient dans une condition d'harmonie, dans un état de « libre jeu » qui nous fait ressentir quelque chose comme du plaisir. Mais ce libre jeu est à son tour préliminaire à toute espèce de jeu non libre et à tout rapport de l'imagination et de l'entendement orienté vers la connaissance : en d'autres termes, sans une condition esthétique indéterminée et autonome (dont le jugement de goût donne la preuve éclatante), aucune connaissance déterminée ne serait possible.

Cela justifie le fait que Kant consacre toute la première partie de la *CFJ* à l'analyse des jugements esthétiques, dont il synthétise la définition dans l'idée d'un « sens commun » (*Gemeinsinn*). J'ai déjà dit qu'il s'agissait d'un passage stratégique. Voyons maintenant pourquoi.

Le sentiment esthétique, dont je me suis jusqu'ici employé à souligner la valeur épistémologique essentielle, se trouve désormais analysé sous le rapport tout aussi essentiel de sa communicabilité. Kant soutient que, si les connaissances et les jugements cognitifs doivent pouvoir être universellement communicables (comme le suggère implicitement le concept même d'objets cognitifs), le sentiment esthétique qui les précède et les conditionne doit être lui aussi pensé comme universellement partageable et, pourrait-on dire, assimilable à un *horizon de la significabilité* dont nous sentons ou anticipons esthétiquement la communicabilité : comme un sentiment qui serait en même temps un con-sentiment, ou un sentiment que nous avons en commun. Ce point est au centre d'un passage de la *CFJ* qu'il convient de citer dans son intégralité :

> Or, sous l'expression de *sensus communis*, il faut entendre l'idée d'un sens *commun à tous*, c'est-à-dire l'idée d'une faculté de juger qui dans sa réflexion tienne compte, lorsqu'elle pense (*a priori*), du mode de représentation de tous les autres êtres humains afin d'étayer son jugement pour ainsi dire de la raison humaine dans son entier, et ainsi échapper à l'illusion qui, produite par des conditions subjectives de l'ordre du particulier, exercerait sur le jugement une influence néfaste. C'est ce qui se produit lorsqu'on étaye son jugement grâce aux jugemens des autres – en s'appuyant moins sur leurs jugements réels que sur leurs jugements simplement virtuels – et lorsqu'on se met à la place de tout autre être humain en se bornant à faire abstraction des limites qui, de manière contingente, affectent notre propre jugement[1].

Il faut donc entendre le sens commun comme « sens de la communauté », c'est-à-dire comme exigence d'anticiper esthétiquement la nature consensuelle du sens. Il est primordial que Kant attache cette dimension communautaire du sens aux jugements possibles plutôt qu'aux jugements effectifs : cela

1. E. Kant, *Critique de la faculté de juger*, *op. cit.*, p. 244-245.

ne signifie pas seulement ou pas tant que l'on ne saurait en aucune manière confondre le sens commun avec un consensus conformiste ou une adaptation passive à la *doxa*, mais plutôt que l'horizon de sens dans lequel se constitue et se reconnaît une communauté, cet horizon dont les limites semblent s'imposer à notre jugement n'est pas quelque chose de donné, mais un horizon mobile et ouvert au possible : un horizon, en fin de compte, dont le cercle est continuellement redessiné ; un horizon intimement marqué par la contingence.

Le point est capital parce qu'il met en évidence, comme l'a clairement montré Hannah Arendt dans ses leçons sur l'esthétique kantienne, la forte valeur politique du sens commun (et de l'esthétique dans le sens plus large que nous développons).

Mais il y a plus. Dans le paragraphe de la *CFJ* sur lequel se conclut l'analyse du jugement de goût, Kant en vient à se demander s'il faut plutôt considérer le sens commun comme « un principe constitutif de la possibilité de l'expérience », une possession inaliénable du sujet humain, ou comme un simple principe « régulateur », un mode de répondre au niveau du sensible à l'exigence d'un « accord universel » postulé par la raison pratique. Dans le second cas, ajoute Kant, nous devrions considérer le goût, non pas tant comme une « faculté naturelle », mais comme une « faculté artificielle » et toujours en voie de construction (« encore à acquérir », écrit-il). Autrement dit : le sens commun n'est pas une condition esthétique que nous pouvons tranquillement présupposer comme un héritage nous revenant de droit, comme une garantie transhistorique de la souplesse de notre expérience et sa communicabilité universelle ; il s'agit plutôt d'un organe sensible de la raison, d'un moyen qu'elle emploierait pour nous faire sentir et pour faire valoir dans la sphère du sensible son exigence d'universalité sans aucune assurance préalable que l'accord universel auquel elle aspire puisse s'affranchir du domaine du possible (les « jugements possibles » dont nous parlions). Cette exigence – voilà la point stratégique – n'est telle qu'en tant que depuis toujours engagée dans un acte de production : son statut est donc essentiellement artificiel. C'est une exigence de partage du sens qui ne saurait être dissociée de ses manifestations concrètes au sein de l'activité productrice et artificielle d'un véritable « avoir du sens ». Il ne faut pas s'étonner si, dans le champ d'une telle activité ou production d'artefacts garantissant un possible consensus, le sens commun et le goût tendent à se manifester de manière exemplaire dans certains objets spécialement voués à une telle représentation.

Nous voilà parvenus au seuil de la question de l'œuvre d'art.

l'œuvre de génie, les idées esthétiques et l'extension du communicable

Dans son analyse de l'œuvre d'art, Kant observe de façon critique le jeu des facultés et problématise la proportion dans laquelle le rôle de l'imagination y primerait sur celui de l'entendement. Il s'agit en fait de définir les caractéristiques de l'œuvre de génie sous deux aspects distincts, mais corollaires.

Le premier met en lumière les traits distinctifs du génie. Lisons les passages fondamentaux :

> Le génie est un *talent* qui consiste à produire ce pour quoi on ne saurait donner de règle déterminée [...] ; par conséquent, sa première caractéristique doit être l'*originalité* ; [...] dans la mesure où l'absurde peut être lui aussi original, les productions du génie doivent être également des modèles, c'est-à-dire être *exemplaires* ; sans être elles-mêmes créées

> par l'imitation, elles doivent être proposées à l'imitation des autres, c'est-à-dire servir de critère ou de règle au jugement [1].

Ces deux passages tissent un lien intéressant entre originalité créatrice et exemplarité. L'originalité s'entend dans un sens radical : l'œuvre d'art ne procède de rien d'existant, aucune règle n'est là pour la justifier et elle doit plutôt faire preuve de sa faculté d'autorégulation, c'est-à-dire mettre en lumière le mouvement d'autolégitimation par lequel un événement absolument contingent, et potentiellement insignifiant, produit de nouvelles formes de régularités dans le monde de l'expérience. L'œuvre de génie ne saurait se contenter de faire surgir dans le monde quelque chose d'original; encore faut-il qu'elle sache exercer une action capable de réorganiser le sens commun. L'œuvre de génie, pourrait-on dire, n'est pas tant originaire qu'originante. C'est ce que Kant veut dire quand il affirme que l'œuvre doit être exemplaire, c'est-à-dire « servir aux autres » de « critère et de règle du jugement ». Mais qui sont ces « autres » ? À quelle communauté de jugeants l'œuvre de génie devrait-elle s'adresser pour être adoptée comme règle nouvelle ? Kant ne le dit pas de manière explicite, mais le texte répond pour lui. Au moment de son avènement ou apparition contingente, l'œuvre ne s'adresse à aucune communauté effective, mais annonce une communauté à venir, étend et régénère l'horizon du sens et de la communicabilité. Il faut donc que l'œuvre puisse se donner comme modèle de ces jugements possibles dont Kant parlait à propos du sens commun entendu comme sens de la communauté. Le point est capital et mérite qu'on y insiste : le primat de l'imagination qui se donne à voir dans la création artistique a une influence politique (au sens large) sur le sentiment que nous avons en commun.

1. E. Kant, *Critique de la faculté de juger*, *op. cit.*, p. 262.

Comment se fait cette réorganisation artificielle du sens commun? L'œuvre de génie, l'œuvre d'art authentiquement innovatrice, soutient Kant, loin de maintenir les facultés cognitives du sujet dans ce rapport de libre jeu définissant l'expérience du beau, les « anime » en leur procurant une riche « matière » qui leur donne une « impulsion » et les « renforce » en décuplant leur capacité à se déployer dans le sensible. Afin de définir cette « matière du sens », Kant formule le concept d'« idée esthétique », qu'il faut entendre comme « cette représentation de l'imagination qui donne beaucoup à penser, sans pourtant qu'aucune pensée déterminée, c'est-à-dire sans qu'aucun *concept*, ne puisse lui être appropriée et, par conséquent, qu'aucun langage ne peut exprimer complètement ni rendre intelligible[1] ». Quand l'imagination productrice – « très puissante, écrit Kant, dans la création d'une autre nature » – prend le dessus, c'est-à-dire quand sa performance nous donne beaucoup à penser, les pensées se mettent à affluer sans que nous puissions jamais en épuiser ni en rassembler le travail dans quelque saisie conceptuelle déterminée. L'œuvre de génie, en rendant manifeste le travail nécessaire à la conversion du donné sensible en sens et en significations communicables, met en lumière le processus de déploiement de la conceptualité et de l'expérience même sous la forme d'une *surabondance de sens* excédant sans fin les significations qui l'explicitent au fur et à mesure sans jamais la saturer ni l'accomplir.

Il ne faut pas ignorer le remarquable effort terminologique accompli par Kant dans ces passages, à commencer par la notion d'« idée esthétique » qui réunit *aisthesis* sensible et idéalité conceptuelle au sein d'une figure du sens commun dont l'artificialité se distingue par des connotations énergéti-

1. E. Kant, *Critique de la faculté de juger*, *op. cit.*, p. 269.

ques assez inédites (« force », « impulsion », « puissance créatrice »). La singulière capacité formatrice de l'imagination est décrite comme un mouvement qui tient constamment en contact les formes sensibles et la pensée conceptuelle dans une proportion assymétrique et, par là même, indéfiniment productrice. L'esthétique kantienne pense donc l'œuvre d'art de génie comme la manifestation exemplaire d'une expérience capable de se donner à elle-même les règles de son propre déploiement et de sa propre réorganisation[1]. L'œuvre d'art de génie offre en même temps le modèle d'un événement communicatif capable de régénérer, en le redéployant, l'horizon du sens dans les limites duquel se consitue et se reconnaît une communauté (historique). D'un côté, l'esthétique critique de Kant interprète donc l'œuvre d'art en en soulignant l'exemplarité réflexive (l'œuvre nous fait réfléchir sur le processus créateur par le biais duquel quelque chose de contingent et de virtuellement insignifiant aspire à une forme d'existence légitime, nécessaire et douée de sens); de l'autre, mais de manière moins explicite, elle reconnaît dans l'avènement ou surgissement de l'œuvre d'art la capacité de créer de la communauté et de réorganiser le sens commun (l'œuvre n'est pas seulement un exemple; elle est le modèle même de l'acte communicatif).

C'est sur l'explicitation de ce dernier point que la reprise schillérienne de l'esthétique critique apporte sa contribution la plus importante, frayant ainsi la voie qui conduit à Nietzsche.

1. Comme une expérience exemplaire d'individuation, pourrait-on dire pour faire le lien avec ce que nous disions aux pages 39 à 47.

l'éducation esthétique

L'esthétique de Schiller est développée dans plusieurs ouvrages d'une densité philosophique remarquable; mais le plus important demeure sur ce point l'essai épistolaire de 1795 intitulé L'*Éducation esthétique* (*EE*[1]).

Selon le propre aveu de Schiller, l'essai repose sur des « principes kantiens ». Les questions théoriques fondamentales sur lesquelles l'auteur prend ses distances avec Kant, tantôt pour l'assimiler, tantôt pour l'interpréter et tantôt pour le corriger, n'en demeurent pas moins évidentes. Schiller s'attache tout particulièrement à forcer les limites de l'esthétique critique en ouvrant le transcendantal sur la question – décisive à ses yeux – de l'historicité inscrite dans la *Menschheit* de l'homme. Cet *être-homme* de l'homme ne doit pas être conçu comme une condition anthropologique anhistorique, mais comme une *tâche historique interminable* à l'accomplissement de laquelle l'expérience esthétique et les arts apportent une contribution de premier ordre. L'infléchissement le plus évident du paradigme kantien réside justement dans l'idée d'une « éducation esthétique » : un projet politique (au sens large) dont l'art peut être le vecteur ou mieux encore dont seul l'art peut être le vecteur, pour des raisons dont l'urgence et la légitimité théorique n'apparaissent vraiment que dans un horizon historique.

Le regard critique de Schiller est frappé par le fait que, dans la modernité, le jeu harmonique de la sensibilité et de la raison s'est déséquilibré au profit d'une rationalité qui défigure et anesthésie les ressources spécifiques de l'état esthétique (le seul état dans lequel l'homme s'accomplisse en tant que tel) et menace d'entraîner une véritable déshumanisation.

1. F. von Schiller, *Lettres sur l'éducation esthétique de l'homme*, trad. fr. R. Leroux, Paris, Aubier, 1992.

Comment une telle rupture a-t-elle pu arriver? La thèse de Schiller est que « ce fut la civilisation (*Kultur*) elle-même qui infligea ces blessures à l'humanité moderne »[1], dans la mesure où « pour développer les multiples virtualités de l'homme, il n'y avait pas d'autre moyen que de les opposer les unes aux autres »[2]. S'il est vrai qu'« un tel antagonisme des forces est le grand instrument de la civilisation », il n'en demeure pas moins vrai que, « tant que dure celui-là, celle-ci n'est pas encore acquise »[3] et que persiste le risque que l'instrument civilisateur se transforme en une fin en soi.

L'analyse de Schiller est limpide et prophétique : le gouvernement unilatéral d'une rationalité parcellisante a quelque chose d'inéluctable, dans la mesure où l'homme comme espèce ne pourrait progresser autrement que par la division. L'instrument de la culture s'est insensiblement changé en sa fin dernière. Le résultat de cette perversion est l'état essentiellement « barbare » de la modernité, la dégradation de la sensibilité et l'appauvrissement de l'expérience qui en est le corollaire. Il s'agit là d'une thèse de premier ordre que nous devrons réexaminer et radicaliser en affrontant le problème de l'expérience esthétique à l'âge du déploiement de la technique et du biopouvoir.

Selon Schiller, on ne peut retrouver l'unité détruite par un mouvement régressif, en restaurant un état révolu. Si la rupture est à mettre au compte de l'art – *c'est-à-dire au compte de ce qu'il y a d'artificiel et de construit dans l'expérience humaine* –, il reviendra alors à un art supérieur et à un supplément d'artificialité de reproduire une nouvelle unité. Ce thème affleure très clairement dans les dernières lignes de la sixième lettre, qu'il est permis d'interpréter comme une

1. F. von Schiller, *Lettres sur l'éducation esthétique de l'homme, op. cit.*, p. 121.

2. *Ibid.*, p. 131.

3. *Ibid.*

reprise et une reformulation de la thèse kantienne sur le caractère artificiel et toujours en voie de construction du *Gemeinsinn* que j'ai commenté plus haut :

> Mais l'homme peut-il avoir pour destination de faire abstraction de lui-même en considération d'une fin quelconque ? La nature pourrait-elle pour atteindre ses fins nous ravir une perfection que la raison nous prescrit au nom de sa propre finalité ? Il doit donc être faux de prétendre que le développement exclusif de l'une ou de l'autre des forces rend nécessaire le sacrifice de leur totalité ; *ou bien si la loi de notre nature tend si vivement à ce sacrifice, il doit être en notre pouvoir de rétablir dans notre nature la totalité que l'artifice de la civilisation a détruite, de la restaurer par un art supérieur*[1].

Et pourtant, ajoute Schiller, ceci est une mission « pour plus d'un siècle ». En attendant, que doit faire la philosophie ? Elle ne peut intervenir comme pure raison, mais doit plutôt apprendre à se repenser non seulement comme pouvoir de légitimer transcendentalement cette impulsion (*Trieb*) qui peut seule donner substance à la mission de l'« art supérieur » évoqué dans le passage cité, mais aussi comme pouvoir de circonscrire un champ empirique adapté à la tâche elle-même. Pour Schiller aussi, mais de manière encore plus forte et plus accentuée, la raison doit donc « se faire *sentir* ». La différence par rapport à Kant réside dans le fait que Schiller conçoit cette sensibilisation de la raison comme une « force » – c'est en effet une impulsion (un *Trieb*) qui se fait « l'avocat » de la raison dans le règne des phénomènes[2] – dont l'action, fondée transcendentalement comme *Spieltrieb*, impulsion de jeu, se manifeste historiquement dans l'avènement historique des

1. F. von Schiller, *Lettres sur l'éducation esthétique de l'homme*, *op. cit.*, p. 135. C'est P. Montani qui souligne.
2. *Ibid.*

arts entendus, dans un sens très large, comme occasion éducative : à la lettre, comme *é-ducation* ou acte de reconduire l'homme vers lui-même.

Autrement dit, si « le besoin extrêmement urgent » de la modernité est « la formation du sentiment (*Ausbildung des Empfinfungsvermögen*[1]) », il faudra se demander s'il existe « un instrument » par le biais duquel la réhabilitation du *sentir* et la redécouverte de ses forces seraient capables de ranimer les sources authentiques de l'unité de l'homme. « Me voici arrivé », écrit Schiller dans la neuvième lettre, « au point vers lequel toutes mes considérations précédentes ont tendu. L'instrument recherché est le bel art; ses modèles immortels sont les sources qui s'ouvrent à nous[2] ».

C'est précisément sur ce seuil, déterminé par un problème de caractère historique, que Schiller pourra ouvrir sans aucune équivoque la « voie transcendantale » à l'art et à la beauté, et s'engager dans la discussion du concept qui la définit : l'« impulsion de jeu » comme moyen terme entre l'impulsion sensible et l'impulsion formelle (ou mieux encore : relation qui précède et configure leur dualité), réélaboration explicite de la notion kantienne de « libre jeu » des facultés. Cette « voie » devra aboutir à la fondation solide d'un programme (de longue durée : « plus d'un siècle ») qui aura pour objet la légitimation (et non l'institution – laquelle ne peut pas plus dépendre de la philosophie qu'elle ne peut dépendre de l'État) de cet « art supérieur » qui pourrait seul redonner l'homme (moderne) à lui-même.

Pour compléter ce tableau lumineux dessiné par Schiller, il convient d'ajouter que l'art ne peut trouver sa place dans un tel programme qu'en revendiquant son *droit* à la plus complète

1. F. von Schiller, *Lettres sur l'éducation esthétique de l'homme*, *op. cit.*, p. 147.
2. *Ibid.*, p. 149.

autonomie, en revendiquant ce droit comme son *devoir* – à commencer par les traits qui mettent en évidence le rapport fondamentalement disharmonique qu'il entretient avec la sphère de l'existant. Si l'artiste doit être le fils de son temps, écrit Schiller, il ne doit en aucun cas en être « le disciple et le favori[1] ». Il est clair que cette position reformule et intègre dans un sens plus directement politique les réflexions kantiennes sur l'œuvre de génie : si l'artiste n'atteint pas une communauté historique, son œuvre tombe dans le vide à l'instar de ces « originalités insensées » qui ne sont à l'origine de rien; mais la communauté qu'il doit atteindre, loin de s'identifier à la communauté existante, est une projection de l'œuvre s'offrant comme le modèle sensible d'un monde humain habitable autrement. Cela veut dire que *l'esthétique de Schiller atténue l'exemplarité réflexive de l'expérience de l'art dans l'exacte mesure où il en exalte l'inaliénable dimension projective et utopique*. En se refusant à entrer en syntonie avec l'existence, l'art ne se contente pas de remettre l'homme dans la position de s'interroger sur sa propre humanité, mais le pousse – son *devoir* est de se charger de cette mission é-ducative – à en reprendre les mesures et à en assumer de nouveau la responsabilité historique dans le sens (rappelé par Heidegger) d'une fondation de l'être historique.

Dans cette perspective, les indications du texte de Schiller concernant la mission que l'éducation esthétique semble devoir assigner aux arts d'une époque (moderne) qui a progressivement anesthésié l'homme sensible au profit de l'homme rationnel et calculateur sont particulièrement intéressantes. Il vaut la peine de s'attarder un peu sur ces observations, dont l'actualité est surprenante.

•

1. F. von Schiller, *Lettres sur l'éducation esthétique de l'homme*, *op. cit.*, p. 151.

Soulignons tout d'abord que, d'un point de vue général, l'expérience de l'art devrait nous laisser dans une condition d'« équanimité » (*Gleichmütigkeit*), autrement dit dans un état de potentialisation libre et réciproque des facultés – ou des « forces », comme Schiller préfère les appeler –, qui prend la forme d'un mouvement maximal au sein d'un calme maximal. Cette idée ne se réalise pourtant dans l'expérience que de façon approximative et surtout – il s'agit du point essentiel – de façons différentes selon les arts. Dans la musique, par exemple, le premier rang reviendra au sentir; dans la sculpture, à l'entendement, etc.

Jusque là, rien de bien original : le XVIIIe siècle, comme on sait, regorge de ce genre de distinctions et de parallèles qui vont de pair avec l'idée d'un système des arts et de leur hiérarchie. L'originalité est plutôt dans le fait que Schiller ne pense pas tant à un système ou à une hiérarchie qu'à un état de communicabilité entre les différents arts, dialogue qui se réalise uniquement dans les grandes œuvres et devient le signe distinctif de celles-ci.

> La musique même la plus spirituelle a en vertu de sa matière et en tout état de cause une affinité pour les sens plus grande que ne le souffre la véritable liberté esthétique ; la poésie même la mieux réussie prend malgré tout une part plus considérable au jeu arbitraire et contingent de son médium, l'imagination, que ne l'autorise la nécessité interne de la vraie beauté ; l'œuvre d'art plastique la plus excellente, celle-ci plus qu'aucune autre peut-être, manifeste une précision conceptuelle par laquelle elle confine à l'austère science. Au reste ces trois affinités particulières disparaissent dans la mesure où une œuvre de ces trois espèces réalise un degré plus élevé d'excellence, et la perfection des différents arts a pour conséquence nécessaire et naturelle qu'ils deviennent dans l'action qu'ils exercent sur l'âme, et sans que soient modifiées leurs limites objectives, toujours plus semblables

> les uns aux autres. La musique doit dans sa noblesse suprême devenir forme et agir sur nous avec la calme puissance de l'art antique; l'art plastique doit dans son achèvement suprême devenir musique et nous émouvoir par sa présence sensible immédiate; la poésie doit à son point de développement le plus parfait nous saisir vigoureusement comme la musique, mais elle doit en même temps comme l'art plastique nous entourer d'une atmosphère de paisible clarté. La perfection du style se révèle dans chaque art précisément par son pouvoir de reculer les limites spécifiques de celui-ci sans toutefois abolir du même coup ses qualités spécifiques; tout en utilisant sagement la particularité propre de chaque art, elle lui confère un caractère plus général [1].

Soulignons que Schiller n'anticipe en aucune manière sur le *Gesamtkunstwerk* wagnérien. Ce qui est en jeu n'est pas une hiérarchie des arts culminant dans l'œuvre d'art totale au sens d'une fusion et d'une indistinction des formes résultant de la force supérieure de ravissement émotionnel accordée à la musique, mais bien une définition de l'excellence singulière de chaque forme artistique – cette excellence éducative accomplissant mieux que nulle autre la mission de ranimer le jeu réciproque de la sensibilité et de la raison – conçue comme capacité de sortir de ses propres limites, tout en montrant de l'intérieur ce mouvement d'ouverture et en le maîtrisant par la forme.

Nietzsche reprendra cette idée dans son concept (anti-wagnérien) de « grand style », mais Schiller voit déjà très clairement que c'est dans cette faculté de contenir dans une forme toujours plus spécifique le libre jeu des échanges entre les diverses composantes de l'état esthétique – sensibilité, entendement, imagination, raison – que consiste la tâche pratique et cognitive du grand art (à l'exclusion de toute

1. F. von Schiller, *Lettres sur l'éducation esthétique de l'homme*, *op. cit.*, p. 289.

« fonction d'instruction et de correction ») telle qu'elle se dessine dans les dernières propositions de la lettre [1] dont nous avons extrait le passage commenté.

Avec l'idée schillérienne d'éducation esthétique, dont nous soulignerons encore le fondement pulsionnel (l'*aisthesis* est une « impulsion » et non un simple état de réceptivité) et la profonde orientation historique (l'humanité de l'homme n'est pas un donné, mais une mission inachevable), l'esthétique dont nous tentons de retracer le parcours s'aventure bien au-delà de la conception réflexive qui prévaut encore chez Kant, et s'oriente d'ores et déjà dans la direction qui donnera lieu, dans la pensée de Nietzsche, à une conception nouvelle, aussi profondément cohérente qu'inconsciente de ses origines kantiennes. Nietzsche conserve et renforce l'enracinement de l'esthétique kantienne dans l'horizon de la constitution originaire du sujet humain, mais il reçoit de Schiller la conception énergétique de l'*aisthesis* et l'instance projective du caractère é-ducatif de l'art, auquel il ajoute une référence essentielle à la question de la « vie » et de ses formes.

l'art comme le plus grand stimulant de la vie

Dans *La Naissance de la tragédie* [2], premier ouvrage philosophique de Nietzsche et première formulation de l'esthétique nietzschéenne, sont formalisés les concepts de « dionysiaque » et d'« apollinien » et magistralement décrite leur relation réciproque, à l'œuvre dans la représentation tragique. Le problème esthétique occupe par la suite, serait-ce implicitement, une large part de la production de Nietzsche et un

1. XXIIe Lettre.

2. F. Nietzsche, *La Naissance de la tragédie*, trad. fr. M. Haar *et al.*, Paris, Folio-Gallimard, 1992.

nombre considérable de ces fragments des dernières années qui devaient trouver leur place dans *La Volonté de puissance* [1]. Tout ce que Kant et Schiller n'avaient pas explicité concernant le rapport du sentiment esthétique, de l'art et des formes de vie, Nietzsche le porte à la lumière et le radicalise. Il lui revient encore le mérite d'avoir introduit le mot-clef de « vie », absent chez ses deux prédécesseurs, mais préparé par leurs esthétiques respectives. On peut lire dans un fragment de la *Volonté de puissance* : « L'art est le stimulant suprême de la vie [2] » ; et Heidegger (auquel je me référerai en permanence au cours de cette reconstruction) y voit la « thèse principale » de Nietzsche sur l'art [3], un fragment qui synthétiserait toute son esthétique. Il existe pourtant au moins deux autres thèses nietzschéennes sur l'art, qu'il conviendra de rattacher étroitement à sa thèse principale pour compléter le tableau de sa contribution à notre itinéraire esthétique. La première est énoncée dans le premier fragment de *La Volonté de puissance* : « Notre religion, notre morale et notre philosophie sont des formes de décadence de l'homme. Le contre-mouvement : l'art [4] ». Ce fragment doit être réinscrit dans l'horizon de la dérive nihiliste que Nietzsche fait remonter au platonisme [5] et de l'épuisement progressif de la créativité originelle de l'homme causé par cette doctrine philosophique. Une telle réflexion généralise le thème schillérien des dommages imputables à la rationalité anesthésiante de l'humanité moderne et, ce faisant, radicalise le programme politique de l'éducation esthétique en le reproposant, dans la terminologie

1. *Cf.* F. Nietzsche, *La Volonté de puissance*, trad. fr. G. Bianquis, Paris, Tel-Gallimard, 1995.

2. *Ibid.*, p. 384 [§ 808 de l'édition allemande Colli-Montinari].

3. *Cf.* M. Heidegger, *Nietzsche*, tome I, *op. cit.*, p. 75.

4. F. Nietzsche, *La volonté de puissance*, *op. cit.*, p. 426 [§ 794].

5. Dérive dont nous verrons que Platon ne serait qu'en partie responsable.

nietzschéenne, sous l'espèce d'une « nouvelle position des valeurs ». La seconde thèse concerne le rapport entre l'art et la vérité : « C'est au problème des rapports entre l'art et la vérité que j'ai d'abord voué tout mon sérieux : maintenant encore, j'éprouve la même indignation sacrée devant ce divorce[1] ». Nietzsche parle d'« indignation » et de « divorce », parce qu'il interprète le concept de « vérité » comme ce mouvement d'assurance de l'étant qui, du fait même qu'il lui incombe de fixer des formes de saisie visant à une stabilité intemporelle – et les « idées » platoniciennes en sont le prototype inégalé –, rigidifie et dévitalise la créativité originelle de l'homme, dont il anéantit la capacité à promouvoir de nouvelles valeurs (ou, dans le lexique kantien, la capacité géniale d'agrandir le champ de l'expérience et de réorganiser les règles du sens).

Le point essentiel reste que Nietzsche pense l'œuvre d'art dans le contexte d'une *esthétique physiologique*, étroitement liée à la vie – une vie conçue à son tour comme volonté de puissance, c'est-à-dire, à la lettre, comme un *biopouvoir*. Comme Kant ou Schiller, Nietzsche conçoit donc avant tout l'état esthétique comme une condition fondatrice du sujet humain, mais son caractère essentiel se manifeste désormais dans son aptitude à agir comme une force, c'est-à-dire dans cet « état d'ivresse » qui se convertit en production artistique. Pour Nietzsche, production artistique signifie sans aucune hésitation *production de formes de vie* : c'est le sens de son *perspectivisme*.

D'où ce commentaire de Heidegger sur l'esthétique de Nietzsche ; commentaire essentiel pour comprendre en quel sens l'objet de l'esthétique et l'objet du biopouvoir (de la vie comme volonté de puissance) peuvent et doivent nécessairement interagir :

1. F. Nietzsche, *Fragments posthumes*, vol. XIV, Début 1888-début janvier 1889, éd. G. Colli et M. Montinari, Paris, Gallimard, 1977, p. 250.

Dans quel sens l'ivresse est-elle l'état esthétique fondamental ?

À la première question, Nietzsche répond brièvement (dans le *Crépuscule des idoles*, VIII, 123) : « L'essentiel, dans l'ivresse, est la sensation de force intensifiée et de plénitude. » [...] Auparavant il nommait l'ivresse : la condition physiologique, préalable de l'art ; à présent, c'est la sensation qui y est essentielle, c'est-à-dire [...] la manière dont nous nous éprouvons nous-mêmes et dans le même temps dont nous éprouvons les choses, l'étant, que nous ne sommes pas nous-mêmes. L'ivresse n'est toujours que sensation d'ivresse. Qu'en est-il alors du physiologique, des états corporels ? Finalement nous ne devons pas séparer l'état corporel du sentiment comme si le corporel logeait à l'étage inférieur, le sentiment à l'étage supérieur. Le sentiment en tant que le fait de *se sentir* constitue précisément la manière dont nous sommes corporels. [...] Ce qu'il y a d'essentiel à retenir ici, c'est que le sentiment n'est en rien ce qui se déroule à l'« intérieur », mais qu'il est ce genre fondamental de notre existence en vertu duquel et conformément auquel nous sommes toujours et déjà soulevés, emportés par-delà nous même dans l'étant qui, d'une façon ou d'une autre, nous concerne ou ne nous concerne pas dans sa totalité. Jamais l'état d'humeur n'est le simple fait d'être disposé [*Gestimmtsein*] dans une intériorité pour soi, mais il est tout d'abord un *se-laisser-disposer* [*ein sich-Be-stimmen und Stimmenlassen*] d'une façon ou d'une autre à l'humeur, dans l'humeur [*in der Stimmung*]. L'état d'humeur est précisément le genre fondamental selon lequel nous sommes *extérieurement* à nous-mêmes. Or c'est ainsi que nous sommes constamment et réellement[1].

Heidegger met en italiques le point névralgique : l'extériorisation, l'être *hors de soi* qui, dans l'ivresse, fait coïncider la créativité de l'homme avec la production de formes de vie. Le

1. M. Heidegger, *Nietzsche*, tome I, *op. cit.*, p. 95-96.

« physiologique » de Nietzsche s'enracine dans sa lutte contre la métaphysique platonicienne, c'est-à-dire contre ce mode de pensée qui, plus qu'aucun autre, a jeté les bases du programme assurantiel entravant la pensée européenne, en pénalisant les raisons de l'extériorité et du sensible (le corps, la chair, la vie, la contingence, etc.) pour situer la vérité dans l'intériorité et dans le suprasensible.

Pour cette même raison, le « physiologique » nietzschéen doit être libéré de toute réduction interprétative d'obédience scientiste ou positive, et conçu comme le vecteur d'une conception authentiquement novatrice de l'*aisthesis* et du sensible.

Quelques brèves précisions à propos du concept d'ivresse. Tout d'abord, il faut convenir que le « corps » dont parle Nietzsche, en opposition à toute forme de dualisme métaphysique, se réfère à l'unité psychosomatique essentielle du vivant. De ce point de vue, l'état d'ivresse n'est autre que le sentiment, dans le sens strictement kantien du terme, du fait d'être un corps et, plus précisément, un corps saisi dans son expansion vitale la plus caractéristique. Un corps hors de soi, un corps extatique : l'ivresse nous transporte au-delà de nous-mêmes, dans l'étant dans son ensemble.

L'ivresse est pour Nietzsche un état d'exubérance et de plénitude; mais cette exubérance et cette plénitude doivent être comprises, non seulement dans le sens d'un faire et d'un produire, mais encore comme plénitude et décuplement du recevoir (Nietzsche ne fait en cela que développer une thèse centrale de l'esthétique de Schiller). L'artiste est celui auquel les choses s'offrent de la manière la plus simple, la plus pleine et la plus intense. Il est celui qui leur fait violence afin d'en extraire « les traits essentiels » et leur donner forme. L'ivresse est donc avant tout une force créatrice de formes. Plus exactement : une force créatrice de *vie formée*. « On est artiste, écrit

Nietzsche, à la condition que l'on sente comme un *contenu*, comme « la chose elle-même », ce que les non-artistes appellent la *forme*. De ce fait on appartient à un monde *renversé*; car maintenant tout contenu nous apparaît comme purement formel – y compris notre vie[1] ».

Voilà le point décisif. S'exhibant de façon exemplaire dans l'attitude réceptive et formatrice de l'artiste, dans cette surabondance de son pouvoir de créer qui est en même temps une surabondance de son pouvoir de recevoir, l'ivresse nous permet de nous re-trouver et nous resitue authentiquement dans un *monde renversé*. Dans un monde au sein duquel la hiérarchie platonicienne exilant la vérité de la sphère du sensible semble être sens dessus dessous. Un monde au sein duquel, d'après un autre fragment de Nietzsche : « La volonté de paraître, de faire illusion, d'induire en erreur, de devenir et de changer (...) est donnée pour plus profonde, plus primitive, plus métaphysique que la volonté de vérité, de réalité, d'être[2] ». Un monde, enfin, dans lequel l'art « vaut plus » que la vérité au sens platonicien.

Mais comment comprendre ce renversement du platonisme? Et un tel renversement saurait-il suffire à briser les entraves du projet nihiliste – c'est bien cela dont il s'agit – pénalisant les raisons du sensible et visant à anesthésier l'expérience?

Heidegger remarque que le renversement (*Umdrehung*) du platonisme ne saurait à lui seul représenter une sortie authentique (*Herausdrehung*) des entraves mises en place par son dispositif de pensée, dans la mesure où renverser le rapport du sensible et de l'idéal, en tant qu'il laisse inchangé le dualisme entre vérité et apparence, reproduit la relation hiérarchique entre un supérieur et un inférieur, entre quelque chose

1. F. Nietzsche, *La volonté de puissance*, *op. cit.*, p. 388 [§ 818].

2. F. Nietzsche, *Fragments posthumes*, vol. XIV, Début 1888-début janvier 1889, *op. cit.*, p. 269.

comme l'être vrai, le monde vrai (le sensible) et quelque chose comme une apparence d'être inconsistante et dévaluée (le suprasensible). Une délivrance authentique exige l'élimination complète du supérieur en tant que tel : mais cela signifie que la destitution du monde suprasensible conçu comme vrai monde doit s'accompagner de la destitution de son contraire, le monde des apparences.

Selon Heidegger, Nietzsche formule et décrit ce mouvement final de sortie du platonisme, *terminus ad quem* de l'esthétique physiologique, dans un célèbre passage du *Crépuscule des idoles* intitulé « Comment le "monde-vérité" devint une fable. Histoire d'une erreur ». Un fragment, commente Heidegger, qui appartient au nombre de « ces fragments dont le style et la structure témoignent de la façon dont ici, pour un grand instant, tout le domaine intellectuel, rassemblé dans un clin d'œil fulgurant, jaillit dans une clarté nouvelle et unique [1] ».

Suivons les six alinéas fulgurants de cette page dans laquelle Nietzsche parvient à prendre définitivement congé du platonisme et à inaugurer une nouvelle interprétation de la sensibilité :

> 1. Le « monde vrai », accessible à l'homme sage, pieux, vertueux, — il vit en lui, *il est ce monde*.
> (Forme la plus ancienne de l'idée, relativement habile, simplette, convaincante. Périphrase de la formule : « Moi Platon, *je suis* la vérité. ») [2].

Nietzsche figure dans cet alinéa le moment fondateur de la philosophie platonicienne, selon lequel la détermination du monde vrai est par essence accessible ici et maintenant à

1. M. Heidegger, *Nietzsche*, tome 1, *op. cit.*, p. 183.

2. F. Nietzsche, « Comment le "monde vrai" devint enfin une fable. *Histoire d'une erreur* », *Le Crépuscule des idoles*, trad. fr. J.-C. Hémery, Paris, Folio-Gallimard, 1993, p. 30.

l'homme vertueux (Platon lui-même) qui réussit à s'arracher à la fascination du sensible et parvient ainsi à la transcendance. Dans cette phase inaugurale, « le monde-vérité » n'a encore rien de platonicien au sens d'un idéal inaccessible : c'est l'*épreuve* de la transcendance au sens de quelque chose qu'il est brusquement possible d'*éprouver* ; c'est la découverte authentiquement créatrice de son être présent dans l'expérience vitale du sage, du vertueux et de quiconque réussit à les imiter, comme c'est le cas de Platon lui-même dans son rapport à Socrate.

> 2. Le « monde vrai », inaccessible maintenant, mais promis à l'homme sage, pieux, vertueux (au « pécheur qui fait pénitence »).
> (Progrès de l'idée : elle s'affine, devient plus captieuse, plus insaisissable, — elle *devient femme*, elle devient chrétienne…) [1].

Ce deuxième fragment décrit la corruption du suprasensible qui découle de son arrachement à la sphère d'une vraie vie dégénérée en promesse (comme dans le christianisme). Ce que Platon entendait de manière créatrice comme un trait essentiel de l'expérience humaine – le fait que celle-ci était habitée d'une transcendance accessible à l'homme sage – se raidit en un concept métaphysique qui réduit le « monde-vérité » à un monde seulement promis. Dans ce raidissement résident la conversion et la dégradation de la philosophie platonicienne en platonisme. Le discrédit qui frappe le monde sensible trouve ici sa formalisation métaphysique la plus authentique, en même temps qu'est inauguré le processus nihiliste d'épuisement et d'affaiblissement de la créativité enracinée dans le physiologique (même si celui-ci demande encore d'être pleinement compris).

1. *Ibid.*

> 3. Le « monde vrai », que l'on ne peut ni atteindre, ni prouver, ni promettre, mais qui du seul fait qu'il est pensé, est consolation, engagement, impératif.
> (Le vieux soleil au fond, mais traversant le brouillard et le scepticisme ; l'idée devenue sublime, diaphane, nordique, kœnigsbergienne[1]).

Le monde vrai n'est plus rien d'autre que le monde intelligible, la pensée. Le suprasensible est un postulat de la raison. Il s'agit d'un tableau de la philosophie transcendantale que Nietzsche interprète comme une version affaiblie et dévitalisée de la métaphysique de Platon (« le vieux soleil »). En reprenant la distinction (typiquement nietzschéenne) entre la philosophie de Platon et le platonisme, nous pourrions soutenir que ce passage ne se réfère pas tant à Kant qu'au kantisme, dans le sens d'une philosophie scolastique et de seconde main (c'est un fait reconnu – mais je n'entrerai pas ici dans le débat – que Nietzsche fait une lecture erronée de Kant en général et de sa pensée esthétique en particulier dont il emprunte à Schopenhauer une interprétation profondément inadéquate[2]). Nous devons à Heidegger d'avoir attiré l'attention – d'une manière tout à fait convaincante et textuellement indiscutable – sur la profonde continuité entre Nietzsche et Kant.

> 4. Le « monde vrai » — inaccessible ? En tous cas pas encore atteint. Et, puisque non atteint, *inconnu*. Ne constitue donc ni une consolation, ni un salut, ni une obligation : en quoi serions-nous engagés par quelque chose que nous ne connaissons pas ?

1. F. Nietzsche, « Comment le "monde vrai" devint enfin une fable. *Histoire d'une erreur* », *op. cit.*
2. Sur ce point, *cf.* M. Heidegger, *Nietzsche*, tome 1, *op. cit.*, p. 101 *sq.* trad. it., p. 114 *sq.*

(Aube grise. Premier bâillement de la raison. Chant du coq du positivisme[1]).

Nietzsche décrit ici la façon dont, à la suite de Kant, le platonisme renonce à lui-même (c'est-à-dire à l'entrave idéaliste), mais sans que ce renoncement ne donne lieu à un véritable dépassement créateur, à une nouvelle « position des valeurs ». Il s'agit, historiquement, de la crise du kantisme (dans le sens explicité ci-dessus), auquel Nietzsche reconnaît au moins une instance émancipatrice, bien qu'encore toute négative : le congé donné au suprasensible comme « inconnaissable » et donc incapable de donner lieu à une quelconque investigation positive. Autrement dit, à ce stade, la dérive entropique et nihiliste du platonisme inaugure, de manière encore opaque et non intentionnelle, un horizon accessible à la pensée positive. C'est ce qui est accompli dans le passage suivant.

5. Le « monde vrai » — une idée qui ne sert plus à rien, qui n'engage même plus à rien, — une idée inutile, superflue, par conséquent une idée réfutée : abolissons-la.
(Il fait grand jour; petit déjeuner; retour du *bon sens* et de la gaîté. Platon le rouge de la honte au front. Tous les esprits libres font un vacarme de tous les diables[2]).

Il est significatif, remarque Heidegger, que le « monde-vrai » soit ici écrit entre guillemets. Nietzsche entend se référer à la première phase de sa philosophie, dans laquelle le renversement du platonisme était encore conçu dans le sens d'une inversion spatiale : à la place du suprasensible, le sensible; à la place de l'idéalisme, le positivisme radical; à la place de l'intériorité idéale, le physiologique et ses pulsions. Reste pourtant la fracture entre un dessus et un dessous, reste

1. F. Nietzsche, *Le Crépuscule des idoles*, *op. cit.*, p. 30.
2. *Ibid.*, p. 31.

pourtant, malgré le renversement des contenus, le schéma hiérarchique du platonisme. Au stade ultime du processus incombe la mission de dynamiter le schéma en tant que tel pour accéder à un état de délivrance authentique. Nietzsche la formule de manière particulièrement dense et elliptique, mais nous autorise à voir en elle le *terminus ad quem* de l'esthétique physiologique : en recouvrant pleinement sa portée fondatrice, la réflexion nietzschéenne sur le sentir dépasse le paradigme positiviste et livre passage à une nouvelle interprétation du sensible.

> 6. Nous avons aboli le « monde vrai » ; quel monde restait-il ? Peut-être celui des apparences ? ... Mais non ! En même temps que le monde vrai, nous avons aussi aboli le monde des apparences !
> (Midi : l'heure de l'ombre la plus courte. Fin de le plus longue erreur. Apogée de l'humanité. *Incipit Zarathustra* [1]).

Qu'arrive-t-il si l'abolition du « monde-vrai » entraîne la péremption du monde des apparences ? Nietzche se fait-il ici messager du triomphe du nihilisme ? Tout au contraire. Le monde des apparences signifie désormais : le sensible tel que le conçoivent Platon et le platonisme. Si son abolition l'exclut du registre apodictique auquel l'assignait le schéma (encore positiviste) du renversement, cette abolition coïncide avec une réinterprétation radicale du physiologique, dont on reconnaît désormais l'aptitude à accueillir l'idéalité, sans aucune fracture hiérarchique et, pour ainsi dire, *horizontalement*. Où cette réinterprétation se manifeste-t-elle ? Avant tout, dans l'art. C'est dans l'art – dans l'état d'ivresse qui se ressaisit et

1. F. Nietzsche, *Le Crépuscule des idoles*, *op. cit.*

s'excède lui-même comme forme (dans la tragédie, pour le premier Nietzsche) – que le sensible, loin de s'opposer au spirituel et à l'idéal, se révèle dans son intime connexion avec l'idéalité et la spiritualité, en tant que « chair du monde », pourrait-on dire, intimement différenciée, intimement marquée par un jeu de différences et de réversibilité – différentiation intime qui caractérisait déjà les « idées esthétiques » de Kant et le jeu de commutation des forces artistiques dont Schiller formulait l'hypothèse. On peut distinguer dans ce passage la reformulation ultime d'une pensée dont la réflexion de Nietzsche sur la tragédie proposait déjà un premier avatar : rassemblant au sein d'une figure unitaire (le chiasme) un rapport que Kant avait distribué entre idée esthétique (représentation sensible sans concept adéquat) et idée rationnelle (concept sans intuition adéquate), Nietzsche écrivait : « Dionysos parlant la langue d'Apollon, mais Apollon, pour finir, la langue de Dionysos[1]. »

La nouvelle interprétation de la sensibilité dont témoigne la dernière étape de la délivrance du « monde-vérité » de l'hypothèque du platonisme éclaire le lien indissoluble unissant les trois grandes thèses nietzschéennes sur l'art entendu comme manifestation exemplaire de l'esthétique physiologique, et en réitère l'intime et irréparable fracture. L'art est le plus grand stimulant de la vie, parce que la vie n'est rien d'autre que le mouvement incessant qui pousse le vivant à se projeter dans un monde susceptible d'accueillir son besoin de se déployer de façon créative. Cela revient à dire que l'art ne saurait être, justement, que « le contre-mouvement qui s'oppose au nihilisme » ainsi qu'à la vérité (qui vaut moins que l'art) ; et que, donc, le concept nietzschéen de la vérité – encore

1. F. Nietzsche, *La Naissance de la tragédie*, trad. cit., p. 128 (trad. ital., p. 145).

tributaire de la tradition métaphysique – n'a pas su s'émanciper de la tutelle assurantielle de la stabilité et de la permanence, c'est-à-dire de cette espèce de fiction ou d'« erreur » sans laquelle « une certaine espèce d'êtres vivants ne saurait vivre[1] ».

Il ne nous importe pas de tomber d'accord ou non avec Heidegger sur le fait que Nietzsche échoue à se libérer de la conception de la vérité conçue comme (nécessaire) fixation du devenir perspectif dans un être stable (ce qui expliquerait la doctrine de l'éternel retour comme tentative ultime et paradoxale de forcer le devenir à « être », c'est-à-dire de le fixer sans le priver du caractère de l'événement transformatif[2]). Il nous importe beaucoup plus d'insister sur le rôle fondamental que joue sa réflexion dans notre itinéraire de reconnaissance sur les traces d'un concept de l'esthétique susceptible d'éclairer la portée époquale et la nature profonde du biopouvoir.

De ce point de vue, il apparaît très clairement que Nietzsche reprend les principales thèses de Kant sur la créativité et de Schiller sur le rôle éducatif et politique de l'art, et les radicalise en les intégrant à une conception du sensible clairement indissociable de la perspective d'un « gouvernement de la vie ». Mais il est tout aussi patent qu'un « conflit » dressant l'irréductible créativité du vivant contre son besoin d'assurer les résultats de son déploiement vers le dehors déchire de l'intérieur ce gouvernement de la vie. Objet de l'« effroi » nietzschéen, ce *nucleus* aporétique nous conduit au seuil de la notion de *technique*. Dans le champ de cette notion, il est destiné à reparaître sous les formes particulières que notre

1. F. Nietzsche, *Fragments posthumes*, vol. XI, Automne 1884-automne 1885, éd. G. Colli et M. Montinari, Paris, Gallimard, 1982, p. 235.
2. *Cf.* M. Heidegger, *Nietzsche*, tome 1, chapitre 2, « L'Éternel Retour du Même ».

époque lui a données, et précisément dans la zone d'intersection, que la technique redéfinit aujourd'hui de manière toujours plus ample et toujours plus significative, avec le paradigme du biopouvoir (dans l'acception négative dégagée par Esposito). C'est dans cette zone d'intersection que se redéfinit le champ d'application de la technique et que le destin des arts se reconfigure aujourd'hui.

chapitre 3
technique

art, vérité et technique

La réflexion heideggérienne sur l'art est dans une certaine mesure une critique ou une déconstruction des concepts – subjectivistes et métaphysiques – de sentiment, d'imagination productrice et de créativité dont j'ai retracé la généalogie de Kant à Nietzsche. C'est en outre à Heidegger que revient le mérite d'avoir relié ce vaste champ conceptuel à la question de la technique.

Je me propose maintenant de montrer l'émergence de ce lien et ses conséquences sur notre parcours de reconnaissance.

À toutes les définitions de l'art – mêmes les plus profondes et plus éclairantes – relevant du domaine de l'esthétique, Heidegger oppose sa propre définition, selon laquelle l'œuvre d'art est « mise en œuvre de la vérité »[1]. Le rapport de l'art et de la vérité, déjà thématisé par Nietzsche, réapparaît chez lui sous la forme d'un lien nécessaire et déterminant. Que signifie « mise en œuvre de la vérité » ? Cela signifie que l'œuvre d'art n'a pas pour fonction essentielle de nous dire quelque chose de décisif sur le sujet créateur, mais de nous faire voir de quelle manière adviennent et se manifestent les conditions historiques déterminantes de son être-là.

Chez Heidegger comme chez Nietzsche, l'art est une modalité éminente de l'avènement de la vérité. Mais à l'inverse de

1. *Cf.* M. Heidegger, « L'origine de l'œuvre d'art », dans *Chemins qui ne mènent nulle part*, trad. fr. W. Brokmeier, Paris, Tel-Gallimard, 1986.

Nietzsche, lequel s'inscrit encore dans la tradition platonicienne de la vérité (qui vaut moins que l'art à ses yeux), Heidegger entend le mot de « vérité » dans son sens grec plus antique et plus originel : comme une *aletheia* (dé-voilement) advenant historiquement et destinant à l'homme un temps et un horizon de sens, ou – plutôt qu'à l'homme – à l'être-là qui se retrouve *là* et qui, sommé d'y correspondre, ne peut s'en arroger l'entière responsabilité, puisqu'il n'en est que partiellement l'artisan.

Il est loisible d'interpréter la réflexion heideggérienne sur l'œuvre d'art comme un travail conceptuel concentrant toute son attention sur cette partialité ou insuffisance de l'action formatrice – ou géniale – de l'artiste en vue d'une compréhension plus originelle de ce qui se constitue dans l'acte de production : qu'il s'agisse plutôt de l'œuvre d'art ou de l'objet technique. « Le subjectivisme moderne, écrit Heidegger, interprète la création à sa façon : comme le résultat de l'exercice d'une virtuosité géniale chez un sujet souverain[1] ». Mais que devons-nous substituer à la conviction (typiquement moderne) que le sujet créateur serait la cause efficiente de l'œuvre d'art, sa condition nécessaire et suffisante ? La réponse de Heidegger mobilise les enjeux d'un autre concept décisif des origines de la pensée grecque – le concept de *physis* –, rebaptisé du nom de « terre » (*Erde*) et coordonné de manière significative au concept antagoniste de « monde » (*Welt*), au sein d'une relation que l'on peut lire à juste titre comme une reconceptualisation de la relation nietzschéenne entre le dionysiaque et l'apollinien. Plus précisément : comme une version plus authentique du chiasme selon lequel subsiste entre la « langue de Dionysos » et la « langue d'Apollon » une singulière réversibilité que l'œuvre d'art fait travailler et à

1. M. Heidegger, « L'origine de l'œuvre d'art », *op. cit.*, p. 86.

laquelle elle confère une permanence elle aussi très singulière. Le caractère assurantiel qui permettait à Nietzsche de définir et de discréditer d'un même geste le concept de vérité doit désormais être reconduit à son essence originelle (qui, nous allons le voir, n'est pas assurantiel : et nous nous trouverons alors au seuil de la question de la technique).

Nous demanderons au discours heideggérien sur l'art une reformulation désubjectivée de la « nouvelle interprétation de la sensibilité » esquissée par Nietzsche au moment où, ayant réellement accompli sa « délivrance », et justement pour l'avoir accompli, « il fut frappé par la folie[1] ». Ajoutons que cette reformulation devra réconcilier le « différent » entre l'art et la vérité, tout en conservant, de l'un, la force de transformation et la mobilité supérieure et, de l'autre, le recueillement dans une permanence fondatrice et le plus intime « reposer en soi ».

Revenons à la définition heideggérienne de l'art comme « mise en œuvre de la vérité ». Si nous la reformulons en rendant au mot de vérité son sens primitif (originel) de dévoilement, nous serons à même de l'entendre avec Heidegger dans sa déclinaison phénoménologique la plus authentique. Dans l'œuvre d'art, l'étant construit se phénoménalise de telle manière que cet accès à l'apparence (ce dévoilement de soi, cet *aletheuein*) à la fois exhibe et garde en réserve quelque chose qui se soustrait. Quand le dévoilement est « à l'œuvre », il exhibe un double mouvement qu'Heidegger décrit comme une « lutte » entre « monde » et « terre », comme une tension instable entre l'ouverture d'un horizon de sens disponible à l'interprétation et le retrait de ce même horizon dans un repli qui le soustrait à toute disponibilité.

1. Heidegger, *Nietzsche*, tome 1, *op. cit.*, p. 190.

Dans maints passages de son texte, Heidegger illustre le statut dévoilant de l'art en l'opposant au mouvement de réduction de l'étant – absolument disponible et instrumentalisé - dé-voilé dans l'« outil » technique :

> Parce qu'il est déterminé par l'utilité, le produit prend ce en quoi il consiste, la matière, à son service. Pour la production du produit, par exemple de la hache, on utilise de la pierre et on l'use. Elle disparaît dans l'utilité. La matière est d'autant meilleure et appropriée qu'elle offre moins de résistance à sa disparition dans l'être-produit du produit. L'œuvre-temple, au contraire, en installant un monde, loin de laisser disparaître la matière, la fait bien plutôt ressortir : à savoir dans l'ouvert du monde de l'œuvre. Le roc supporte le temple et repose en lui-même et c'est ainsi seulement qu'il devient roc ; les métaux arrivent à leur resplendissement et à leur scintillation, les couleurs à leur éclat, le son à la résonance, la parole au dire. Tout cela peut ressortir comme tel dans la mesure où l'œuvre s'installe en retour dans la masse et dans la pesanteur de la pierre, dans la fermeté et dans la flexibilité du bois, dans la dureté et dans l'éclat du métal, dans la lumière et dans l'obscur de la couleur, dans le timbre du son et dans le pouvoir nominatif de la parole[1].

Dans l'œuvre, le dévoilement se manifeste au sein d'une figure (comme le temple) qui « fixe » l'étant dévoilé et le stabilise. Dans cette façon de se configurer en œuvre, ce qui se dévoile n'abolit pas la lutte originelle dans laquelle l'œuvre s'enracine, mais l'exhibe dans sa tension la plus intime, dans l'irréductibilité obstinée de la « terre » à une simple « matière formée en vue d'un usage » et du « monde » à sa réduction en un simple système de significations obvies. La lutte elle-même est donc, non seulement « en œuvre », mais « à l'œuvre ». Elle

1. M. Heidegger, « L'origine de l'œuvre d'art », *op. cit.*, p. 49.

est mouvante, temporalisée, transformiste : elle demeure sans fin, sans cesser d'advenir. Autrement dit, l'œuvre d'art soustrait ce qui se dévoile à toute manœuvre assurantielle qui le fixerait (comme dans la « vérité » discréditée par Nietzsche) dans une apparence rigide et réduite à sa fonction. Alors même que le monde historique ouvert par l'œuvre d'art est d'ores et déjà parvenu à son terme et à son point d'extinction, comme dans les vestiges d'un temple de la Grèce antique, la lutte est encore en activité comme mémoire d'un sens désormais révolu, non plus présent, mais ayant été : ou mieux encore, présent justement en tant que passé, présent justement en tant qu'il maintient en œuvre et à l'œuvre ce déclin et cette extinction qui sont la destinée de tout monde historique.

Mais ne pourrait-on pas dire la même chose de l'outil ? Par exemple, des ruines d'un pont ou d'une ancienne usine d'objets manufacturés ? Sans aucun doute, mais à condition de les avoir entièrement délivrés du caractère assurantiel qui les réduisait à leur fonction respective. Autrement dit, à condition de concevoir le faire technique lui-même comme une modalité de l'*aletheuein* : une modalité visant spécifiquement au refoulement de l'élément terrestre, dont (nous reviendrons sur ce point) c'est à l'art de se charger.

Nous arrivons maintenant à un point nodal et caractéristique de la réflexion de Heidegger sur la technique. Étroitement liée à la question de l'art, la question de la technique s'y trouve en outre pensée dans une opposition frontale à toute tentative de réduction instrumentale (la technique comme moyen en vue d'une fin) ou anthropologique dans le sens conventionnel (la technique comme activité humaine).

La technique n'est plus un « produire » que dans le sens déterminé d'un « conduire à la présence ». Les Grecs la pensèrent ainsi, c'est-à-dire comme *poiesis* (un produire qui est un puiser, un faire qui reçoit ce qu'il fait) intimement reliée à cette autre modalité fondamentale d'avènement de l'étant à la présence auquel il donnèrent le nom de *physis*, ce surgissement autonome, cette faculté de sourdre, ce déportement spontané de l'étant dans la présence.

Examinons les trois conséquences de cette interprétation de la *techne* comme *aletheuein*.

Première conséquence : le concept d'*a-letheia* restitue, dans la formation même du mot grec, un mouvement qui, au sein même de l'acte de porter à la présence, retient nécessairement quelque chose dans la *lethe*, dans le non manifeste et le non maîtrisé. Heidegger souligne à maintes reprises que le célèbre « *physis kryptesthai philei* » d'Héraclite ne formule pas autrement le caractère découvrant et dévoilant de la *physis*. On a l'habitude (insensée) de traduire ainsi ce fragment : la nature aime à se cacher. Mais Héraclite voulait dire que le surgissement, le transport spontané de soi dans l'apparaître enveloppe un geste inhérent de recouvrement et de retrait.

Nous modernes avons du mal à assimiler cette pensée. Tout en la reconduisant à sa signification phénoménologique originelle, nous nous obstinons à penser l'apparaître des choses (le « se phénoménaliser » du phénomène) comme un mouvement incombant, en dernière instance, à l'homme en tant que sujet. Nous le pensons comme *Vor-stellung*, comme cet acte de poser l'objet en face de soi par lequel on s'en assure la possession cognitive et pragmatique – dans le droit fil du perspectivisme nietzschéen et de sa conception d'une vérité dévaluée par rapport à l'art parce que raidissant, dans un but assurantiel, ce que l'ivresse faisait en sorte de porter à la présence de façon créatrice. Heidegger s'emploie principalement à priver de toute pertinence cette notion de « sujet » et à reconstruire de façon moins impropre et plus originelle le rôle de l'homme dans cette donation de ce qui est donné.

Venons-en à la deuxième conséquence de l'interprétation de la *techne* comme *aletheuein*, cette interprétation de l'*aletheia*, non pas comme structure stable, mais comme advenir, donation et destination du donné sommant l'homme de lui « correspondre ». En tant que mise en présence des étants, l'*aletheia* se configure alors de façon inhérente comme un mode d'apparaître affecté d'une *retenue* dans le non apparent et le non maîtrisé. Mais cette structure transcendantale (cette condition de possibilité) de l'*aletheia* en général n'est pas l'essentiel. L'essentiel est cet avènement inaugurant à chaque fois un nouvel horizon historique, particulier et fini pour une nouvelle communauté historique.

Soutenir que la technique est un mode de l'*aletheia* ou du dévoilement implique alors – troisième et dernière conséquence – qu'il faille prêter une attention particulière à son advenir. Non seulement au pro-jet global qu'elle inaugure, mais encore et surtout aux formes successives sous lesquelles ce projet se destine à nous.

La thèse de Heidegger[1] est que la technique moderne – celle-là même qui a reconfiguré son fondement sur la représentation objectivante et assurantielle prise en charge par un sujet – consiste pourtant elle aussi en un porter à la présence : non plus en tant que *poiesis* – pro-duction puisant « au sein de la physis » –, mais en tant que « pro-vocation » – *Herausforderung* – sommant la nature de fournir une énergie susceptible d'être extraite (*heraus-gefördert*) et stockée en tant que telle. Il ne s'agit donc plus d'un produire, mais d'un requérir, d'un *stellen*, d'un poser en requérant. Mettre à découvert, traiter, emmagasiner, répartir, échanger sont les modes de dévoilement de la technique moderne. Elle n'a plus affaire à

1. *Cf.* M. Heidegger, « La question de la technique », dans *Essais et conférences*, trad. fr. A. Préau, Paris, Tel-Gallimard, 1980, p. 9-48.

des objets – *Gegen-stände* – mais à un « fonds » – *Be-stand* –, à une « ressource » utilisable.
Heidegger ajoute que cette pro-vocation et cette manifestation de l'étant comme « fonds » – modalité actuelle de l'être technique – peuvent être réunis sous le terme de *Ge-stell*, c'est-à-dire : dispositif unifié ou global de toutes les modalités du poser en requérant[1] – condition dans laquelle, à notre époque, l'étant se présente à nous, se phénoménalise, se destine à nous et nous somme de lui correspondre.
Cette modalité extrême de la technique – qui est aussi la modalité qui la rapproche le plus de son essence – comporte pour Heidegger le « risque le plus grand ». Pour la première fois dans son histoire, l'homme risque de se rencontrer lui-même comme *Be-stand* : non plus du tout comme être-là et destinataire d'un appel, mais comme « matériel humain que l'on attelle aux buts proposés[2] » et que l'on réduit à une vie nue : « fonds » ou réserve d'organes à transplanter, dépositaire d'un génome à décrypter et à breveter pour le faire servir à divers usages optimisés – à la fois sujet et objet de la biotechnologie et (ajoutons) du biopouvoir.
Lisons cette conclusion capitale de Heidegger :

> Mais si le destin nous régit dans le mode de l'Arraisonnement [*Ge-stell*], alors il est le danger suprême. Le danger se montre

1. Dans l'essai « Pourquoi des poètes ? » les modalités du « poser » qui dispose et manipule sont énumérées comme suit : « L'homme commande la nature, là où elle ne suffit pas à sa représentation. L'homme produit de nouvelles choses là où elles lui font défaut. L'homme transpose les choses là où elles le dérangent. L'homme les dissimule et les déplace là où elles le détournent de ses desseins. L'homme expose les choses là où il les évalue pour l'achat et la consommation. L'homme propose là où il exhibe ses propres performances et recrute pour son industrie. » (*Chemins qui ne mènent nulle part*, *op. cit.*, p. 346).
2. M. Heidegger, « Pourquoi des poètes ? », dans *Chemins qui ne mènent nulle part*, *op. cit.*, p. 348.

à nous de deux côtés différents. Aussitôt que le non-caché n'est même plus un objet pour l'homme, mais qu'il le concerne exclusivement comme fonds, et que l'homme, à l'intérieur du sans-objet, n'est plus que le commettant du fonds, – alors l'homme suit son chemin à l'extrême bord du précipice, il va vers le point où lui-même ne doit plus être pris que comme fonds. [...] L'homme se conforme d'une façon si décidée à la pro-vocation de l'Arraisonnement [*Ge-stell*] qu'il ne perçoit pas celui-ci comme un appel exigeant, qu'il ne se voit pas lui-même comme celui auquel cet appel s'adresse et qu'ainsi lui échappe toutes les manières (dont il pourrait comprendre) comment, en raison de son être, il ek-siste. [...] Mais l'Arraisonnement ne menace pas seulement l'homme dans son rapport à lui-même et à tout ce qu'il est. En tant que destin, il renvoie à ce dévoilement qui est de la nature du « commettre ». Là où celui-ci domine, il écarte toute autre possibilité de dévoilement. L'Arraisonnement cache surtout cet autre dévoilement, qui, au sens de la *poiesis*, produit et fait paraître la chose présente. [...] Là où domine l'Arraisonnement, direction et mise en sûreté du fonds marquent tout dévoilement de leur empreinte. Ils ne laissent même plus apparaître leur propre trait fondamental, à savoir ce développement comme tel. Ainsi, l'Arraisonnement pro-voquant ne se borne-t-il pas à occulter un mode précédent de dévoilement, le produire, mais il occulte aussi le dévoilement comme tel et, avec lui, ce en quoi la non-occultation, c'est-à-dire la vérité, se produit (*sich ereignet*) [1].

La domination du *Dispositif technique global* (je traduis ainsi le *Ge-stell* heideggérien) engendre la menace que puisse être refusé à l'homme d'expérimenter l'appel d'une vérité plus originelle. L'homme courrait alors le risque de se

1. M. Heidegger, « La question de la technique », dans *Essais et conférences*, *op. cit.*, p. 36-37.

percevoir comme « vie nue », susceptible de s'intégrer au projet manipulateur et assurantiel de la technique. Ce danger se profile déjà dans le domaine des biotechnologies, c'est-à-dire de la « vie à l'âge de sa reproductibilité technique [1] » et de la biopolitique généralisée. Dans les lectures (convergentes sur ce point) d'Esposito et d'Agamben, c'est ce qui serait arrivé de façon totalisante, envahissante et déshumanisante dans les camps de concentration nazis. Sans jamais entrer directement dans ce débat, Heidegger y fait allusion dans un texte reliant le phénomène des camps à la forme moderne de la technique [2] et suggérant donc que ceux-ci continueront d'exister, de manière dissimulée, tant que la forme en question restera dominante *et* incomprise.

Mais qu'en est-il de l'art dans cette configuration? Heidegger donne une indication importante sur ce point. Si ce qu'accomplit la technique au sein du dispositif global est le mode de dévoilement qui nous est destiné, une voie demeure ouverte, quand bien même fort occultée : correspondre du mieux qu'on peut, c'est-à-dire en se maintenant à sa hauteur, à l'appel qui nous est adressé. Il est vraisemblable de penser que l'art puisse être cette voie. C'est ce que Heidegger suggère dans les dernières lignes de l'essai sur « La question de la technique » :

> L'essence de la technique n'est rien de technique : c'est pourquoi la réflexion essentielle sur la technique et l'explication décisive avec elle doivent avoir lieu dans un domaine qui, d'une part, soit apparenté à l'essence de la technique et qui,

1. *Cf.* M. De Carolis, *La vita nell'epoca della sua riproducibilità tecnica*, Torino, Bollati Boringhieri, 2004.

2. *Cf.* M. Heidegger, *Bremer und Freiburger Vorträge. Einblick in das was ist*, Frankfurt am Main, Klostermann, 1994.

> d'autre part, n'en soit pas moins foncièrement différent d'elle.
> L'art est un tel domaine. [...] Toutefois, plus nous questionnons en considérant l'essence de la technique et plus l'essence de l'art devient mystérieuse[1].

Sans développer cette suggestion de façon pleinement satisfaisante, Heidegger semble pourtant assigner à l'art – en tant qu'une des formes de compréhension authentique de la technique moderne – deux tâches complémentaires.

La première – déjà analysée dans *L'Origine de l'œuvre d'art* – est de conserver la mémoire de l'essence originellement *poïétique* de la technique même. On percevrait encore dans l'œuvre d'art l'essence d'un faire qui, bien plus qu'un produire *ex nihilo*, serait un puiser aux source de la *physis* : un faire, donc, qui découvrirait (« mettrait en-œuvre ») sa dette envers quelque chose de non construit et de non maîtrisé : la « terre » dans la terminologie de l'essai sur l'œuvre d'art.

La seconde tâche est de repenser plus intimement ce faire *poïétique* dans le domaine essentiel du langage – cette forme de *poiesis* advient comme *Dichtung* ou parole originaire (dans le sens où cette parole engendre des formes de vie) et qui, à l'âge du dispositif technologique global, doit revêtir la forme d'un dialogue contraignant entre Poésie et Philosophie.

Mon idée est que ces deux tâches, confiées à un art pensé en dehors des catégories du subjectivisme esthétique moderne, ne sont plus à la hauteur de notre époque[2]. La raison principale de cette inadéquation réside dans le fait que Heidegger a déconstruit les concepts cardinaux de l'esthétique moderne en

1. M. Heidegger, « La question de la technique », dans *Essais et conférences*, *op. cit.*, p. 47-48.
2. *Cf.* M. Carboni, P. Montani, *Lo stato dell'arte. L'esperienza estetica nell'era della tecnica*, Roma-Bari, Laterza, 2005.

focalisant son attention sur leur produit subjectiviste le plus dégradé et, tout compte fait, le plus éphémère. Je fais allusion à la vision de l'art comme *Erlebnis* ou communication de vécus subjectifs. Heidegger ne s'est en revanche jamais demandé, à aucun moment de sa réflexion, si les catégories les plus authentiques et les plus philosophiquement fondées de l'esthétique – la sensibilité, l'imagination productrice, la créativité : catégories décisives de la lignée Kant-Nietzsche – n'étaient pas en train d'opérer un retour significatif et de se rétablir, non seulement *au sein* de l'art, mais aussi et surtout *en dehors* de l'art. Il ne s'est jamais demandé si le dispositif technologique global n'était pas tenu d'utiliser ces mêmes catégories, de la façon la plus intime et la plus motivée possible, afin d'optimiser ses performances.

Je reviendrai sur ce point, en guise de conclusion, dans le dernier chapitre de ce livre. Il nous faut au préalable approfondir une question que nous avons déjà abordée sans l'élucider autant qu'il se doit. La technique est un mode de l'*aletheuein*, mais – au contraire de l'art – un mode « visant de manière spécifique au refoulement de l'élément terrestre ». Si bien qu'il incombe à l'art et à lui seul de conserver autant que possible la mémoire active de la dette originelle que le produire a contracté envers la *physis*. Mais sur quoi se fonde cette tendance au refoulement de l'élément terrestre ? Je tenterai d'apporter une réponse à cette question en faisant dialoguer librement la réponse qu'y donne Heidegger avec des thèses distinctes, mais convergentes localement sur le point qui nous intéresse.

anthropogenèse et technogenèse : l'homme et ses prothèses non organiques

« La main humaine est humaine par ce qui s'en détache[1] », écrit le grand paléo-ethnologue André Leroi-Gourhan dans *Le Geste et la parole*. Il s'agit là d'un paradoxe dont il convient d'expliciter toutes les implications. Non seulement dans le sens immédiat et obvie où la main humaine se prolonge d'artéfacts à qui sont déléguées des fonctions (agressives, par exemple) qu'elle n'est plus en mesure de remplir, mais aussi dans le sens où, dans cette stratégie générale d'exonération fonctionnelle et dans la libération qui en résulte (libération créatrice, par exemple), le moment spécifique de l'extériorisation jouit d'une ambiguïté particulière. D'un côté, ce qui se détache de la main n'en est qu'une « sécrétion », une ingérence naturelle dans le non organique qui en augmente et en spécialise les performances. De ce point de vue, c'est encore ma main, délocalisée dans un silex taillé, qui râpe, taille, hache ou assène un coup mortel; c'est encore une aptitude de ma main, extériorisée dans la fonctionnalité d'une souris, qui vient de sélectionner trois lignes de ce texte pour les déplacer à un autre endroit du document électronique sur lequel j'écris. Et pourtant, d'un autre côté, les modifications et les perfectionnements auxquels je peux exercer ma main restent sans comparaison – plus encore : qualitativement différents, comme nous le verrons plus loin – avec celles et ceux que je peux envisager en me focalisant *exclusivement* sur ses prothèses délocalisées. La question est donc la suivante : jusqu'à quel point la sécrétion prothétique de ma main peut-elle tolérer le fait d'être détachée sans cesser d'interagir avec sa matrice? Qu'a-t-on à perdre ou à gagner à ce jeu de délégations et de restitutions, d'exonérations et de libérations?

1. A. Leroi-Gourhan, *Le Geste et la parole*, Paris, Albin Michel, 1964, tome 2, p. 40-41.

Laissons en suspens ces interrogations, volontairement formulées de façon vague et ingénue, pour suivre l'articulation profonde des arguments qui conduisent Leroi-Gourhan à formuler le paradoxe dont je suis parti.

Sa première thèse fondamentale est que l'hominisation fut le résultat d'un saut qualitatif (véritable mutation) et non du perfectionnement évolutif d'une structure déjà présente chez les grands primates. Ce saut, bien avant de se traduire en termes de matière grise, s'inscrit dans des facteurs somatiques *externes* : la forme du visage, la libération de la main et, plus que tout autre, la station droite.

En bref – et en tenant compte de la possibilité que de nouvelles découvertes pourraient corriger les datations sur lesquelles s'appuie Leroi-Gourhan (mais c'est là un problème de spécialistes qui ne nous concerne pas vraiment) –, les recherches en paléontologie prouvent qu'à peu près un million d'années avant notre ère vivait en Afrique une vaste population de créatures bipèdes, carnivores et outillées qui corrigeaient par l'emploi d'artéfacts techniques les trois *défauts* morphologiques qu'une mutation avait entraînés : la station droite, la face courte et une main libérée des fonctions de locomotion. Le visage (la dentition) et la main de ces créatures principalement carnivores n'étant plus capables de remplir des fonctions d'agression et de préparation directe de la nourriture (arracher, tailler, mâcher, etc.), ces fonctions avaient été déléguées à des prothèses et cette délégation avait eu pour corollaire un processus de libération.

Si bien que – deuxième thèse fondamentale de Leroi-Gourhan – l'outil serait à la main (qui n'est plus en mesure d'assurer des performances offensives efficaces, mais s'en trouve parallèlement libérée) ce que le langage est au visage (qui ne dispose plus d'une dentition capable de fonctionner comme une arme, mais a libéré la bouche pour une articulation plus fine des sons). Par rapport au binôme main-visage (geste extériorisé en outil et bouche extériorisée en phonation), le développement du cerveau est en une certaine mesure tout à fait secondaire. Il ne fait aucun doute que celui-ci guide l'évolution, mais il reste conditionné par les possibilités d'adaptation sélective de la structure : c'est-à-dire la station droite, le visage court et la main libérée.

L'apparition de l'outil marque la véritable frontière entre animalité et humanité. C'est la troisième thèse fondamentale de Leroi-Gourhan : anthropogenèse et technogenèse ne font qu'un. Son essai définit la pro-duction de l'outil (sa venue à la présence, son dévoilement, pourrait-on dire avec Heidegger) comme une espèce de « sécrétion » du corps et du cerveau, comme une véritable conséquence anatomique configurant l'unique possibilité adaptative d'un animal qui, entièrement désarmé quant à la main et à la dentition, est pourtant capable d'accomplir des opérations manuelles complexes. Mieux encore : capable de s'auto-affecter et de « se sentir » (au sens kantien) dans ces opérations complexes, et capable d'aller à la rencontre des choses à partir de l'extériorisation prothétique qui résulte de ces opérations. Pour Leroi-Gourhan, l'outil technique est le produit d'une intelligence intégrée à la matière et à la fonction, indissociable de cette incarnation non organique – et pourtant détachée et délocalisée. À partir de ce moment – mais c'est un moment qui coïncide avec le commencement ! –, l'évolution de l'homme se réduit à l'évolution de ses prothèses techniques. Leroi-Gourhan peut donc écrire que « toute l'évolution humaine concourt à placer *en dehors* de l'homme ce qui, dans le reste du monde animal, répond à l'adaptation spécifique[1] » ou encore que « la main humaine est humaine par ce qui s'en détache ».

1. A. Leroi-Gourhan, *Le Geste et la parole*, *op. cit.*, p. 277. C'est P. Montani qui souligne.

Les termes du problème nous apparaissent désormais plus clairement et de façon plus complète. Le jeu d'exonération et de libération, de délégation et de détachement prothétiques comporte tout à la fois continuité et discontinuité, autonomie relative des prothèses techniques et action en retour de celles-ci sur l'ensemble de l'être sensible. Le monde des objets qui s'offrent à une sensibilité extériorisée d'entrée de jeu dans des prothèses relativement autonomes devient toujours plus ample et plus articulé (le langage est-il autre chose qu'un spectaculaire déploiement articulatoire du sensible ?). Mais il est évident que l'événement du détachement et de la délocalisation agit aussi, dans la direction opposée, dans le sens d'une réduction, d'une canalisation et d'une spécialisation de la sensibilité. Il convient donc de se demander si, entre ces deux mouvements – celui de la continuité et de l'extension libre, et celui du détachement et de la spécialisation canalisée –, ne se créerait pas un déséquilibre d'une nature particulière dont il s'agirait de tirer au clair les critères et les compatibilités. Je vais m'employer à cette tâche et recourrai pour ce faire à la contribution de Gilbert Simondon, qui a consacré une étude fondatrice au concept de « technicité » [1].

le « couplage » de l'homme et de la technique

La thèse originale de Simondon est la suivante : les objets techniques disposent d'un « mode d'existence » relativement autonome, dans le cadre duquel les modalités de l'investissement humain frappent d'obsolescence aussi bien l'idée naïve que l'homme serait le seul responsable de la technique que l'idée, moins naïve mais toute aussi réductrice, qui ferait de lui un pur produit de la technique.

1. G. Simondon, *Du mode d'existence des objets techniques*, Paris, Aubier, 1958.

Plus précisément, Simondon prend ses distances par rapport à une double projection interprétative : d'un côté, la projection selon laquelle l'objet technique pourrait être interprété comme une espèce d'organisme biologique autonome, un *analogon* du vivant; de l'autre, la projection selon laquelle l'organisme biologique, le vivant, pourrait être à son tour interprété comme une machine infiniment complexe (c'est la thèse de la cybernétique à l'époque de Simondon et la thèse de l'Intelligence Artificielle aujourd'hui). Il convient d'ajouter – mais je reviendrai sur ce point – que Simondon ne prend pas en ligne de compte les biotechnologies (qui n'existaient pas encore dans les années cinquante) et que son analyse est uniquement consacrée aux objets industriels (les « machines » au sens large), c'est-à-dire aux objets capables de se substituer à un grand nombre de performances humaines et, potentiellement, à toutes. Mais ce n'est pas la nature de la machine qui intéresse Simondon, parce que le thème de sa réflexion – à la fois plus indéterminé et plus spécifique d'un point de vue épistémologique – est plutôt la technicité : ce qui fait d'une machine un objet technique individuel capable de se développer (de « s'individualiser ») dans un sens évolutif.

Simondon part de la thèse que l'objet technique, bien qu'étant une prothèse de l'homme, un geste humain cristallisé, dispose d'un dynamisme irréductible qui lui appartient en propre dans la mesure où chacune de ses apparitions ouvre un espace de relative autonomie programmatique. L'objet technique ne doit pas être conçu sur le modèle du moyen ou de l'outil, serait-ce d'un outil perfectible, mais comme un processus engendrant une réalité technique déterminée au sein de laquelle se conjuguent environnement naturel et environnement artificiel (qu'il n'est même plus légitime de distinguer). Cette réalité évolue d'elle-même selon des critères spécifiques. L'invention

technique originelle, dotée d'un haut degré d'« abstraction », y évolue dans le sens d'une « concrétisation » croissante.
Ces termes, probablement malheureux, ne doivent pas prêter à confusion. Abstraction signifie que l'objet technique originel est un système « non saturé », c'est-à-dire doté d'un certain gradient de potentialités qui lui assure un avenir et configure l'évolution des mouvements successifs qui l'orientent vers la « concrétisation ». Celle-ci doit à son tour être comprise comme une synergie croissante des éléments constitutifs de l'objet.
Prenons l'exemple d'un moteur automobile : chacune de ses parties – la partie électrique, le système d'évacuation, etc. – remplit une fonction distincte conçue en un premier temps de manière indépendante. Un événement concrétisant consiste à concevoir et à réaliser un élément de synergie effectif en utilisant, par exemple, une partie des émissions résultant de la combustion pour activer le système de surcompression (c'est le cas bien connu du turbo). Le système de concrétisation se reconnaît à ce type de modifications orientées vers une convergence et une synergie des fonctions, c'est-à-dire vers la saturation des espaces de comptabilité que contient déjà le schéma initial du moteur, mais que l'on ne saurait déduire de ses composants singuliers. Plus encore, on ne pourrait pas même les déduire du projet initial du moteur et ils ne deviennent visibles qu'*a posteriori* (une fois le moteur réalisé), comme indice et propriété de la technicité à laquelle l'invention s'est conformée.
Au-delà des aspects techniques, il importe de souligner l'émergence particulière d'un mouvement évolutif autonome. L'objet technique est plus que la somme des différents principes scientifiques qu'il met en œuvre et témoigne, écrit Simondon, « d'un certain mode de fonctionnement et de compatibilité qui existe en fait et a été construit avant d'avoir

été prévu : cette compatibilité n'était pas contenue dans chacun des principes scientifiques séparés qui ont servi à construire l'objet; elle a été découverte empiriquement[1] », et a été découverte parce que l'individu technique lui-même, et non son projet, l'a instruite et guidée.

La concrétisation est donc le premier concept qui caractérise le mode d'existence des objets techniques comme un parcours évolutif, un processus d'individualisation qui demande du temps et qui ne peut prétendre être accompli qu'au moment où l'indétermination originelle de l'objet – qui est son authentique « promesse d'avenir » – peut être tenue pour saturée en tant que système synergétique. Un tel concept nous apprend beaucoup sur la part que prend l'homme à cette concrétisation technique. Il y joue un rôle étrange, sans nul doute indispensable, mais intégré et compris dans le mode d'existence de l'objet, en quelque sorte anticipé et instruit par cette existence même en temps qu'elle inaugure un système non saturé de compatibilités possibles. Il est évident que seul le *couplage*[2] homme-machine peut garantir l'avenir de l'objet technique.

Mais il y a plus. Dans le mouvement de concrétisation, on doit également prendre en considération le rapport entre objet technique et environnement naturel, ainsi que leur *couplage* dans ce que Simondon définit comme « milieu associé », c'est-à-dire comme un troisième environnement invalidant la distinction entre environnements naturel et artificiel.

L'objet technique se constitue à l'intersection des deux environnements : l'environnement technique et celui que Simondon définit comme « géographique ». Une locomotive électrique, par exemple, présente une double articulation : au réseau électrique dont elle tire l'énergie que la motrice

1. G. Simondon, *Du mode d'existence des objets techniques*, *op. cit.*, p. 48.

2. En français dans le texte (note du traducteur).

transforme en force mécanique; et à la configuration du terrain, c'est-à-dire à l'environnement géographique différencié auquel le chemin de fer adapte l'énergie mécanique. À travers l'objet technique « locomotive », les deux environnements interagissent de telle manière que, comme l'observe Simondon, l'élément contingent fait obstacle à l'hyper-spécialisation de l'objet technique et à l'autotélisme qui aurait tôt fait de porter son système de compatibilité à saturation et donc à une forme d'imperméabilité à la contingence signant l'arrêt de son évolution.

Ainsi, « l'invention concrétisante réalise un milieu techno-géographique » qui devient à son tour la « condition de possibilité du fonctionnement de l'objet technique », lequel, du coup – et la définition doit être énergiquement soulignée –, « *est la condition de lui-même comme condition d'existence de ce milieu mixte*[1] ». L'objet technique engendre donc une « réticulation » de lieux et d'espaces significatifs en entrant en relation avec l'environnement géographique et en le modifiant. Ce faisant, il intègre les capacités projectives de l'homme en indiquant de manière précise les orientations possibles de celles-ci.

En fait, et c'est la dernière suggestion que nous emprunterons à Simondon, s'il l'on est en droit de parler d'une « imagination technique » spécifique, il faut aller encore plus loin et préciser que celle-ci ne consiste pas tant dans la conception d'un objet (selon le paradigme de la « matière formée en vue d'une fin » déjà déconstruite par Heidegger) que dans l'interaction avec les potentialités de son individuation concrétisante dans le

1. G. Simondon, *Du mode d'existence des objets techniques*, *op. cit.*, p. 55. C'est P. Montani qui souligne.

rapport qu'elle entretient avec l'ouverture et le déploiement d'un « milieu associé »[1].

En définitive, le rapport de l'homme à la technique est un *couplage* irréductible à la domination de l'une ou de l'autre partie, qu'il convient de penser comme une « relation transductive » exerçant une influence constitutive sur les deux termes accouplés. Ce rapport inspire à Simondon quelques observations assez inattendues, susceptibles de reformuler de façon inédite l'horizon philosophique de la technique en l'ouvrant sur une perspective éthique qui se révèlera très utile pour articuler ensemble les conclusions de cet essai.

> On pourrait exprimer ce que nous avons nommé un couplage entre l'homme et la machine en disant que l'homme est responsable des machines. Cette responsabilité n'est pas celle du producteur en tant que la chose produite émane de lui, mais celle du tiers, témoin d'une difficulté qu'il peut seul résoudre parce qu'il est seul à pouvoir la penser ; l'homme est témoin des machines et les représente les unes par rapport aux autres [...]. On peut nommer attitude technologique celle qui fait qu'un homme ne se préoccupe pas seulement de l'usage d'un être technique, mais de la corrélation des êtres techniques les uns par rapport aux autres[2].

Si ce que Simondon appelle « attitude technologique » répond, comme j'aimerais le suggérer, à la question que nous posions à la fin du paragraphe précédent – c'est-à-dire à la question de savoir s'il existerait une forme d'équilibre entre, d'un côté, la continuité unissant l'homme à ses prothèses techniques et, de l'autre, le détachement coessentiel qui découle inévitablement de l'essence prothétique –, on peut

1. Se profile ici une conception de l'interactivité technique sur laquelle je reviendrai p. 159 *sq*.

2. G. Simondon, *Du mode d'existence des objets techniques*, *op. cit.*, p. 145.

alors soutenir que le *couplage* homme-machine porte avec lui l'instance testimoniale d'un « tiers » capable de se dissocier de la machine pour en penser la technicité, l'être technique, en tant que fondement d'une relation possible dans le champ d'une pluralité d'« individus » – ces « individus » techniques représentés à chaque stade par une nouvelle machine, mais irréductibles pour autant au statut de simple « machine » – indissociables de l'environnement qu'ils ont contribué à constituer et dont ils sont tenus, pour évoluer, de sauvegarder et de requalifier la perméabilité spécifique à la contingence. Cette « tiercité », à son tour, n'est rien moins qu'un fait pacifique – prérogative incontestée de l'homme en tant qu'il est homme – et doit plutôt être pensée comme une forme complexe de reconnaissance que Simondon n'hésite pas à comparer à la reconnaissance de l'étranger ou de l'autre :

> L'attention prédominante et exclusive donnée à une machine ne peut conduire à la découverte de la technicité, pas plus que la relation avec une sorte unique d'étrangers ne peut permettre de pénétrer l'intériorité de leur mode de vie, et de la connaître selon la culture. Même la fréquentation de plusieurs machines ne suffit pas, pas plus que la fréquentation successive de plusieurs étrangers; ces expériences ne conduisent qu'à la xénopobie ou à la xénophilie, qui sont des attitudes opposées mais également passionnées. Pour considérer un étranger à travers la culture, il faut avoir vu jouer hors de soi, objectivement, le rapport qui fait que deux êtres sont étrangers l'un par rapport à l'autre [1].

En d'autres termes, afin que ce qui se détache de la main de l'homme – le geste cristallisé en prothèse – ne soit pas perçu comme la simple production d'une machine capable de perfectionner et d'améliorer sa délégation, mais continue à

1. G. Simondon, *Du mode d'existence des objets techniques*, *op. cit.*, p. 147.

être perçu et imaginé comme un élément essentiel de la main, la prise en compte de sa technicité doit nécessairement passer par une reconnaissance authentique de son altérité. Cela ne signifie pas seulement que la main de l'homme est originellement altérée en tant qu'originellement technique, mais que cette altération doit être re-prise en charge de la manière « responsable » que Simondon attribue à celui qui se charge de témoigner des problèmes qui se font jour dans un conflit de cultures et auxquels on ne peut trouver de solution sans adopter ce que, dans sa réflexion sur la concept de « sens commun », Kant définit comme un jugement « ouvert », c'est-à-dire comme un acte de juger « en se mettant à la place de tout autre[1] ». Avec cette différence que, dans la communauté élargie que constitue la « réalité technique » décrite par Simondon, il incombe à l'horizon du jugement de prendre en charge cette élaboration spécifique de la sensibilité et de la contingence qui appartient aux « objets techniques » et à leur mode d'existence en tant qu'« individus » (soit : sujets à des processus d'individuation) et non en tant que simples machines perfectibles.

Nous devons nous demander à ce stade si les développements de la technique moderne, et en particulier ceux de la biotechnologie (qui ne furent pris en compte ni par Heidegger ni par Simondon), sont allés dans la direction suggérée par cette analyse ou si le dispositif technologique global les a dévoyés de leur cap.

récapitulation sur la technique

Récapitulons ce parcours sur la question de la technique en trois thèses conclusives.

1. E. Kant, *Critique de la faculté de juger*, *op. cit.*, p. 245-246.

Première thèse. L'interprétation non instrumentale de la technique mise au point par Heidegger peut sans aucun doute converger avec celles de Leroi-Gourhan et de Simondon sur le point suivant : la forme de vie humaine est *technique dès son origine*, en ceci qu'elle s'extériorise de façon constitutive dans un prolongement non organique qui influe de façon plus ou moins profonde – mais en tout cas décisive – sur l'organisation de sa sensibilité et, coessentiellement, sur le monde des choses que rencontre et qu'élabore cette sensibilité.

Deuxième thèse. Un fort *incrément de délégation* technique distingue cet être prothétique qui évolue en dehors de soi. Il ne s'agit pas seulement d'un processus quantitatif. Le caractère ambivalent du phénomène prothétique (à la fois prolongements de la main et objets relativement autonomes) entraîne une dissociation croissante de l'homme et de ses prothèses, comme si celles-ci n'appartenaient pas à son être le plus propre, mais étaient de simples produits toujours plus massivement délégables, aptes à traiter des processus élaborés et capables d'évoluer afin de les mener à bien. Du coup, l'extension du domaine d'influence de la technique, en tant qu'ensemble de produits (dans le lexique heideggérien : l'oubli du caractère non technique de l'essence de la technique), aboutit inéluctablement à l'instauration de multiples mécanismes de réduction, voire de substitution. Plus précisément, l'invention technique tend à transformer son rapport originel à un « milieu associé » (dans le sens que Simondon donne à ce terme) en la constitution d'un *champ de substitution* optimal – ou indéfiniment optimisable. C'est ce qui arrive aujourdhui, de façon tout à fait exemplaire, dans la réduction de l'environnement sensible à un ensemble de simulacres programmés informatiquement : des jeux-vidéo aux formes de simulation utilisées autant pour l'entraînement que pour les opérations militaires, des cartes interactives qui deviennent une option quasi obligée des véhicules automobiles aux performances sociales prises en charge par un *avatar* dans les divers univers parallèles accessibles sur des sites comme *Second Life* et tant d'autres. Nous pouvons réunir cet ensemble de phénomènes sous le signe plus général d'une réduction et d'une canalisation radicales de la sensibilité (de l'*aisthesis* associée au couplage homme-machine) : plus précisément comme une réduction considérable de son aptitude à affronter le caractère imprévisible du contingent pour travailler à le rendre aussi signifiant que possible.

Il faut en tirer cette conclusion capitale : l'extension du domaine d'influence des prothèses techniques de la sensibilité en fonctions vicariantes ne coïncide pas, comme le prétend une interprétation courante (et hâtive) de la fameuse thèse de McLuhan[1], avec un déploiement et une intensification de l'*aisthesis*, pas plus qu'elle ne coïncide, comme le prétend la thèse contraire et tout aussi répandue, avec le « crime parfait » (Baudrillard[2]) contre la réalité, mais se présente plutôt comme une anesthésie essentielle qui sélectionne et maintient en activité les seuls segments de la sensibilité susceptibles d'être canalisés vers des objets spécifiques (exactement comme dans le cas des opérations militaires qu'on a pris la terrible habitude de qualifier de frappes « chirurgicales »[3]). De ce point de vue, le concept même de « globalisation » – comme le suggère De Carolis[4], mais l'idée se retrouve chez bien d'autres auteurs,

1. M. McLuhan, *Understanding Media : The Extensions of Man*, New York, McGraw-Hill, 1964.

2. J. Baudrillard, *Le Crime parfait*, Paris, Galilée, 1995.

3. L'adjectif est terrible parce qu'il s'agit en général d'opérations de dévastation aveugle et indiscriminée. *Cf.* à ce propos les observations tout à fait convaincantes de Tomàs Maldonado (*Reale e virtuale*, Milano, Feltrinelli, 1992).

4. M. De Carolis, *La vita nell'epoca della sua riproducibilità tecnica*, *op. cit.*

parmi lesquels Marramao[1] et Sloterdijk[2] – équivaut à l'annexion de tout hors-champ et à l'optimisation sélective de l'*aisthesis*. Autrement dit, équivaut à la sélection (ou construction) artificielle d'environnements, de stimulations et d'objets auxquels nous sommes directement sensibles et que notre perception reconnaît sans devoir mettre en œuvre aucun effort d'élaboration (je parlerai à ce propos d'une conversion croissante de l'*aisthesis* en simple sensation déléguée à des dispositifs particulièrement adéquats à en gérer les mécanismes).

Troisième thèse. Dans le domaine spécifique de la biotechnologie, cette perspective donne lieu aux projets caractéristiques de l'ingénierie génétique, c'est-à-dire aux programmes réducteurs admettant comme principe qu'il est en tous les cas légitime de dissocier le donné biologique – sur lequel il est loisible d'intervenir de manière toujours plus large et profonde : génome, cellules staminales, clonage humain – de son interaction avec l'environnement et de son ouverture à l'imprévisible. C'est le cas des formes actuelles de l'eugénisme (que l'on pense aux OGM) ou de la médicalisation « performative », dont l'objectif commun est d'optimiser les performances individuelles en reconduisant les comportements des individus biologiques aux règles d'un programme qui périme les ressources de la libre interaction avec la contingence et, dans le cas de l'individuation humaine, du temps long, incertain et réversible de l'élaboration. De ce point de vue, optimiser revient à convertir les formes de vie en performances et l'individuation en légitimation sociale techniquement accessible. C'est ainsi que l'ingénierie esthétique de la vie quotidienne nue – du *fitness* au *body-building* et de la

1. G. Marramao, *Passaggio a Occidente*, Torino, Bollati Boringhieri, 2003.

2. P. Sloterdijk, *Nicht gerettet. Versuche nach Heidegger*, Frankfurt am Main, Suhrkamp, 2000 ; et *Sphères I. Bulles. Microsphérologie*, trad. fr. O. Mannoni, Paris, Pauvert, 2002.

diététique à la chirurgie esthétique – finit par ne plus se distinguer des pathologies esthétiques auto-immunes, comme il arrive dans le cas de l'anorexie, exemple même de la protection négative et médicalisée de la belle apparence, esthétique thanatopolitique de la vie normalisée.

Les trois thèses que je viens de développer nous ont donc reconduits dans l'horizon du biopouvoir, dont apparaissent désormais très clairement, non seulement le potentiel esthétique décisif, mais encore l'étroite relation qu'il entretient avec la question de la technique.

Nous pouvons du coup nous lancer dans une étude conclusive des degrés de pertinence de l'esthétique et de l'art, en gardant, comme toile de fond, la convergence réticulaire de ces multiples mécanismes de délégation, d'an-esthétisation et de dé-laboration désormais mis évidence.

chapitre 4
art

crise ou requalification de l'exemplarité

Un des dénominateurs communs des auteurs abordés dans ma discussion sur l'esthétique (Kant, Schiller, Nietzsche), commune mesure qui s'applique aussi, avec quelques corrections de rigueur, à la réflexion heideggérienne sur l'art, est le phénomène de l'*exemplarité* de l'œuvre. Pour Kant, l'œuvre d'art peut être interprétée en même temps comme un exemple (réflexif) et comme un modèle (productif) de cette aptitude singulière au déploiement, à la réorganisation et à la modification des règles qui distingue l'expérience humaine. Schiller met quant à lui l'accent sur l'aspect productif, dans le sens spécifique d'une mission d'éducation, que l'art doit à sa grande réactivité par rapport aux modifications que subit la sensibilité dans le cours de l'histoire humaine. La position de Nietzsche est tout aussi explicite : d'un côté, l'art est à ses yeux la manifestation « la plus transparente » de la volonté de puissance (aspect réflexif) ; de l'autre, comme on l'a vu, « il vaut plus que la vérité », dans le sens profondément productif où les formes de vie que l'homme se destine à lui-même sont autant de constructions de son irréductible créativité.

Conforme pour l'essentiel à ces trois thèses exemplaires, la réflexion heideggérienne s'en distingue pourtant sur un point : l'effort qu'elle consacre à déconstruire l'enracinement de la métaphysique (moderne) dans le sujet. Dans l'œuvre d'art, ce qui se rend « transparent » n'est pas la tendance créatrice de l'expérience humaine, mais le mouvement complexe – et non entièrement maîtrisable – du « dévoilement » qui l'historicise et l'inscrit dans un horizon de sens auquel elle est tenue de répondre autant qu'il lui est possible. Il n'en demeure pas moins que, pour Heidegger aussi, le quotient d'exemplarité réflexive de l'œuvre est extrêmement élevé, au point que l'on pourrait soutenir qu'en dépit des nombreuses interprétations qui en accentuent le caractère le plus fortement nietzschéen – le fait d'attribuer à l'art une réelle aptitude à « faire advenir l'histoire » –, la mission historique dévolue à l'art par Heidegger consiste pour la plus grande part en une capacité de « réorientation critique » (*Erörterung*) de l'expérience humaine, c'est-à-dire en son aptitude à rendre praticable l'espace destinal auquel l'homme historique est sommé de correspondre à mesure qu'il se modifie. Une aptitude, ajoutons-le, qui en renforce la densité réflexive en la projetant dans un mouvement – décisif, aux yeux d'Heidegger – qui ouvre l'un à l'autre l'art et la philosophie. Sans qu'il n'y ait là nul effet du hasard, c'est donc à cette même réorientation qu'Heidegger pose à maintes reprise une question cruciale (et résiste à la tentation d'y apporter une réponse définitive) dans le contexte de sa réflexion sur la technique et sur le *Ge-stell* : l'art serait-il encore capable de réinsérer de façon critique l'être-là dans le dévoilement – éminemment périlleux – qui lui est destiné ? Ou mieux encore (et nous suivrons cette ligne problématique) : *à quelles conditions* l'art pourrait-il encore accomplir cette tâche ?

Heidegger, je viens de le dire, refuse de répondre à cette question. Il n'en demeure pas moins que tout son itinéraire philosophique nous conduit à tenir pour tout à fait appropriée et parfaitement convaincante la clausule de l'essai sur « La question de la technique », selon laquelle « plus nous questionnons en considérant l'essence de la technique et plus l'essence de l'art devient mystérieuse[1] ». Dépouillons ce mot de « mystère » de toute connotation mystique fallacieuse et acceptons de reconnaître que le dispositif technologique global, en réinstanciant l'« art » dans une zone opaque et indistincte dont il est urgent de commencer à redessiner les frontières, a profondément modifié l'ensemble d'objets et de pratiques à quoi nous donnions ce nom.

Il convient de formuler une première conclusion. Qu'on entende l'art dans le sens esthétique moderne ou qu'on l'entende au sens élaboré par Heidegger, son exemplarité réflexive paraît irrémédiablement compromise, tandis que son exemplarité productive semble être massivement passée dans la sphère de pratiques inhérentes à l'autoreproduction du dispositif technologique global et, comme telles, dépourvues de tout pouvoir de réorientation critique.

J'examinerai le premier de ces aspects – la perte de l'exemplarité réflexive – en m'appuyant sur de pénétrantes observations d'Emilio Garroni (1992), philosophe dont les interprétations ont sans doute éclairé avec la plus grande fidélité et réélaboré avec la plus grande créativité les thèmes cardinaux de l'esthétique kantienne conçue[2], non plus comme une philosophie de l'art, mais comme une réflexion critique sur le « sens », c'est-à-dire comme une réflexion qui, du sein de l'expérience empirique et contingente dans laquelle nous *nous sentons* radicalement impliqués, s'emploie à en éclaircir les conditions de sens et individue celles-ci dans un certain nombre d'expériences singulières qui, comme il est arrivé à l'œuvre d'art tout au long de l'époque moderne, semblent

1. M. Heidegger, « La question de la technique », dans *Essais et Conférences*, *op. cit.*, p. 48.
2. *Cf.* tout notre deuxième chapitre.

investies de la mission spécifique de les faire apparaître. L'art au sens esthétique moderne est à proprement parler une expérience contingente – radicalement contingente au point de risquer le non-sens – et susceptible de mettre en lumière le processus communicatif (réorganisation du « sens commun ») seul capable de la constituer comme nécessaire et douée de sens.

De cette définition sommaire, il ressort déjà clairement que l'art, loin de constituer l'objet épistémologique de l'esthétique critique, n'est que son référent historique exemplaire – historique et, en tant que tel, dépourvu de toute intemporalité de principe. Si les conditions de sens de l'expérience en général – conditions indéterminées, mais nécessaires – peuvent et (dans une certaine mesure) doivent se manifester à travers une succession d'objets contingents et déterminés, rien ne certifie que cette délégation (prise de risque radicale et radicalement infondée, puisque c'est à elle de créer sa propre légitimité) revienne par essence et de manière stable à ce que la modernité a appelé « art ». Il serait plus juste de dire que la solidarité établie entre l'esthétique et l'art par le XVIIIe siècle (non sans quelques anticipations significatives) s'est lentement érodé tout au long du XXe siècle (qu'on pense en particulier aux expériences des avant-gardes) et tend à perdre de nos jours toute espèce de validité. Comme l'observe finement Garroni, l'art moderne a exaspéré ses éléments de risque et de contingence, jusqu'à faire de sa propre remise en question l'horizon conceptuel de sa pratique :

> À mesure que se renforçait la conscience de la contingence à travers laquelle aurait dû se révéler la nécessité du sens, le « faire art » a vu augmenter de façon démesurée le taux de sa propre contingence et l'a quelquefois thématisée et dramatisée de manière intentionnelle. C'est alors que l'art,

déjà problématique en soi, a mis en évidence le contre-sens du sens [1].

Dans l'époque la plus récente, cette version extrême de la solidarité unissant l'art à la question du sens semble, d'un côté, s'exténuer dans une subversion maniériste, formaliste et autoréférentielle et, de l'autre, dégénérer en pure et simple culture esthétique, passe-temps administré par les rituels de l'industrie culturelle et par les lois du marché *tout court* [2] :

> En face de l'art comme prise de risque, qui élimine le sens pour le restituer en négatif, n'existe plus aujourd'hui l'art traditionnel ou traditionaliste, qui donnait le sens ou se faisait illusion de pouvoir encore donner le sens. Il se pourrait bien qu'il n'y ait plus à sa place que l'art de divertissement – tel qu'il existait peut-être déjà sous différentes formes –, qui se borne à accompagner le sens et ignore radicalement le non-sens, comme si le sens exsudait naturellement de tous les événements de la vie et de l'art, qu'ils soient notoires ou négligeables. Cela pourrait être le signe indirect d'une reconnaissance en acte du déclin de l'exemplarité de l'art [3].

La situation actuelle trahit donc une déclin de l'exemplarité, qui semble avoir remis l'expérience de l'art dans les conditions antérieures à l'avènement de l'esthétique, quand seuls s'occupaient des arts (alors conçues comme « un ensemble hétérogène de faits culturels éparpillés parmi d'autres faits culturels ») « les auteurs de traité, les biographes, les commanditaires, les amateurs, les artistes eux-mêmes, les intellectuels préoccupés de promouvoir certaines idées et,

1. E. Garroni, *Estetica. Uno sguardo-attraverso*, Milano, Garzanti, 1992, p. 234. Notre traduction.

2. En français dans le texte (note du traducteur).

3. E. Garroni, *Uno sguardo-attraverso*, *op. cit.*, p. 235-236. Notre traduction.

corollairement, un certain goût »[1]. Mais s'il en est ainsi – et il est évident pour tous que c'est bien le cas aujourd'hui –, il faudrait, d'un côté, renoncer « à utiliser un seul mot [*i.e.* art], prétendument spécifique, pour un nombre infini d'activités, de produits et d'événements de nature, de valeur et d'intérêt aussi divers que possible » ; et, de l'autre, accepter l'hypothèse – cruciale pour notre réflexion – selon laquelle : « Le déclin de l'exemplarité de l'art n'entraînerait pas nécessairement le déclin du sens ; lequel se montrerait, ou se montre peut-être déjà, ailleurs et dans d'autres types de performances, seraient-elles étroitement individuelles[2] ».

Il convient désormais de montrer que ces « performances » se trouvent être éminemment techniques, et que l'art, s'il est encore permis d'employer ce terme générique, est tenu de repenser son exemplarité dans cette zone d'intersection de l'esthétique, de la technique et de la biopolitique que les analyses proposées dans nos trois premiers chapitres ont cherché à situer dans le champ d'un regard critique.

esthétisation et politisation

Je crois nécessaire de reprendre les thèses formulées par Walter Benjamin dans son célèbre essai sur *L'Œuvre d'art à l'ère de sa reproductibilité technique* (1936) et de les intégrer au contexte problématique que nous venons de dessiner. Dans la mesure où ce sont des réflexions assez largement connues, je n'en rappellerai que les grandes lignes.

Benjamin part d'une extension du principe, central dans le projet marxien d'une « critique de l'économie politique », selon lequel les rapports sociaux de production établis par le

1. E. Garroni, *Uno sguardo-attraverso*, *op. cit.*, p. 236-238.
2. *Ibid.*, p. 236.

capitalisme contiennent aussi les conditions de leur renversement. La même chose se peut et se doit dire des « tendances évolutives de l'art dans les conditions présentes de la production[1] », lesquelles doivent être entendues au sens de « conditions techniques » ayant profondément modifié l'expérience (de production et de réception) de l'art dans le double sens d'une perte et d'une ouverture à de nouvelles opportunités. Cette perte consiste en l'irréductible obsolescence dont les nouvelles conditions – techniques – de production ont frappé les concepts cardinaux de l'esthétique moderne : créativité, génialité, sacralité, valeur éternelle, mystère, etc. – en un mot : l'« aura », qui accompagnait la jouissance, recueillie et solennelle, réservée au caractère unique et exemplaire de l'œuvre d'art. Les nouvelles opportunités se font jour précisément dans la fracture occasionnée par la perte de cette aura qui sacralisait l'expérience esthétique, perte à laquelle la reproductibilité technique oppose un large ensemble d'innovations qu'il s'agit de reconnaître et d'orienter dans un sens politique. Une des conséquences de cette opposition, sur laquelle il nous faudra revenir, mérite d'être relevée : si les « concepts traditionnels » de l'esthétique favorisent, selon Benjamin, une « élaboration des faits dans un sens fasciste[2] » – c'est la thèse bien connue de l'« esthétisation de la politique » – le renversement de cette alliance, promu par une interprétation adéquate de la technique, pourrait donner lieu à une « politisation de l'art ». En d'autres termes, l'opportunité émancipatrice que la technique tient en réserve annonce, au moins comme possibilité, une restitution authentique de l'art à l'espace de la *polis*, ce même « espace public » que le fascisme soumet à une organisation

1. W. Benjamin, « L'Œuvre d'art à l'époque de sa reproductibilité technique (dernière version) », dans *Œuvres III*, Paris, Folio-Gallimard, 2000, p. 270.
2. *Ibid.* p. 271.

esthétique – et que le dispositif technologique global, nous permettons-nous d'ajouter, assujettit de nos jours aux formes d'an-esthétisation décrites ici même comme mécanisme de nivellement, de réduction et de canalisation de la sensibilité et du sens commun.

L'innovation technique la plus importante, selon Benjamin, est la reproductibilité photo-graphique et phono-graphique. Le terme est à double sens : il ne se réfère pas seulement à un ensemble de procédés mécaniques innovants, qui ont pour effet de dépouiller les œuvres d'art de l'aura de l'unicité, mais se réfère encore et surtout à l'apparition de formes expressives qui ont pour matrice un procédé technique orienté d'entrée de jeu et de façon constitutive vers la reproductibilité, comme dans le cas du cinéma.

Benjamin inaugure une interprétation « médiale » de la technique visant à mettre en évidence à la fois les répercussions de celle-ci sur nos aptitudes de perception et d'évaluation et, comme nous l'avons déjà dit, ses implications politiques au sens large. Le concept de perte de l'« aura » montre clairement cet enchevêtrement d'éléments. Benjamin définit l'aura comme « unique apparition d'un lointain, si proche soit-il[1] ». Cela veut dire que le premier effet de la perte de l'aura serait la suppression de ce lointain ou de cette distance sacrale, parallèle à la dévaluation de l'*hic et nunc* de l'œuvre, de sa singularité et de son authenticité. Une œuvre reproduite est violemment déracinée de son *hic et nunc*, dépouillée de son unicité et placée dans un rapport de proximité qui peut se matérialiser n'importe où et à tout moment : *à la demande*, comme on le dit aujourd'hui des produits (artistiques, entre autres) disponibles sur internet.

1. W. Benjamin, « L'Œuvre d'art à l'époque de sa reproductibilité technique », *op. cit.*, p. 278.

La perte de l'aura correspond donc en un premier temps à « *une perception dont le sens de l'identique dans le monde s'est aiguisé* au point que, moyennant la reproduction, elle parvient à standardiser l'unique[1] ». Mais une telle sensibilité nivelée coïncide avec l'émergence de la « masse » comme sujet nouveau et avec des formes de pouvoir qui peuvent aisément s'en servir à des fins manipulatrices (esthétisation de la politique). Le phénomène de la reproductibilité technique mettrait donc en évidence une inclination naturelle du totalitarisme – inclination qu'il faudrait combattre ouvertement si celui-ci ne présentait pas en même temps des caractères capables d'aller à l'encontre de cette dérive, voire d'en inverser le cours. Pour Benjamin, qui fournit sur ce point précis l'effort philosophique le plus intense et le plus de riche de conséquences (à condition qu'on s'emploie à le clarifier et à l'intégrer à une réflexion sur la technique), l'élément que l'œuvre reproduite – et *a fortiori* l'œuvre qui *vient au monde* comme reproductible – oppose à l'esthétisation de la politique réside dans sa capacité à interrompre tout rapport de continuité avec la tradition pour entrer de plain-pied – jusque dans le rapport qu'elle entretient avec elle-même – dans la sphère d'une discontinuité inédite[2]. Benjamin parle à ce propos d'un « puissant ébranlement de la chose transmise[3] », véritable point de rupture où peut avoir lieu le renversement de l'esthétisation de la politique en politisation de l'art.

À une tradition culturelle dont les valeurs étaient l'unicité, la continuité, la réception recueillie, la sacralité – en un mot, tout ce qui peut être subsumé sous le concept de « valeur

1. *Ibid.*, p. 279.
2. Un exemple illustrera bientôt cette proposition difficile.
3. W. Benjamin, « L'Œuvre d'art à l'époque de sa reproductibilité technique », *op. cit.*, p. 276.

cultuelle » de l'œuvre d'art –, se substitue un consumérisme de masse dont le sceau est, pour Benjamin, la « valeur d'exposition ». C'est le monde des images qui, avec la photographie et le cinéma, se fait le héraut principal de cette nouvelle valeur. La forme que l'art a revêtu dans l'esthétique au sens moderne se trouve ainsi dépassée, dans un mouvement inéluctable que Benjamin décrit avec une clarté magistrale :

> Les diverses méthodes de reproduction technique de l'œuvre d'art l'ont rendue exposable à un tel point que, par un phénomène analogue à celui qui s'était produit à l'âge préhistorique, le déplacement quantitatif intervenu entre les deux pôles de l'œuvre d'art s'est traduit par un changement qualitatif, qui affecte sa nature même. De même, en effet, qu'à l'âge préhistorique la prépondérance absolue de la valeur cultuelle avait fait avant tout un instrument magique de cette œuvre d'art, dont on n'admit que plus tard, en quelque sorte, le caractère artistique, de même aujourd'hui la prépondérance absolue de sa valeur d'exposition lui assigne des fonctions tout à fait neuves, parmi lesquelles il se pourrait bien que celle dont nous avons conscience – la fonction artistique – apparaisse par la suite comme accessoire. Il est sûr que, dès à présent, la photographie, puis le cinéma fournissent les éléments les plus probants à cette analyse [1].

De ce rapide survol des thèses benjaminiennes sur l'œuvre d'art produite techniquement, nous pouvons désormais tirer une conclusion. La dérive totalitaire « naturelle » liée aux mécanismes de nivellement de la sensibilité activés par les techniques de reproduction et susceptibles de servir à la manipulation politique du consumérisme de masse est puissamment contrariée, de l'intérieur, par les facteurs de

1. W. Benjamin, « L'Œuvre d'art à l'époque de sa reproductibilité technique », *op. cit.*, p. 284-285.

discontinuité culturelle et d'affranchissement par rapport à la valeur cultuelle de l'art inhérents au phénomène d'*exponibilité* inauguré de manière irrépressible par les images résultant d'une production mécanique. Dans ce contexte, les catégories traditionnelles de l'esthétique entrent dans un processus de requalification décisive qui préfigure un retournement possible de l'esthétisation de la politique en politisation de l'art.

Afin d'illustrer ce développement, j'aurai recours à un épisode historique tout à fait remarquable (que Benjamin n'a que partiellement connu), qui en anticipa de façon éclatante les données fondamentales en formant un authentique projet politique. Il sera possible d'en tirer, non seulement une interprétation particulièrement pénétrante de ce qui reste indéterminé et obscur dans le discours de Benjamin (je me réfère au lien nodal et profondément ambigu entre politisation de l'art et valeur d'exposition), mais aussi un paradigme général des voies que l'art pourrait emprunter à l'âge de sa perte d'exemplarité et de l'anesthétisation généralisée inaugurée et promue par le dispositif technique global.

l'œuvre d'art auratique et l'hypertexte interminable

La lucidité et la clairvoyance prophétique des thèses de Benjamin ne doivent pas être sous-évaluées. Le concept de « valeur d'exposition » en particulier met en lumière un élément central des transformations techniques des arts qui, en se focalisant sur la question de l'image, anticipe pour une bonne part ce qui est réellement arrivé dans l'âge moderne tardif. L'enquête sur les portées politiques de la valeur d'exposition n'est pourtant pas à la hauteur des attentes. Répétons-en le point essentiel : au fondement cultuel de l'œuvre se substitue, du fait de la prévalence de la valeur d'exposition, un fondement que Benjamin qualifie de politique, à entendre au sens large comme une réinscription de l'œuvre dans le tissu de l'espace politique, réinscription rendue possible par l'irrémédiable solution de continuité introduite aussi bien dans son rapport avec la tradition que dans son rapport à elle-même. En bref : une crise du concept même d'« œuvre » et de ses exigences d'unité, d'excellence et d'autonomie.

On sait l'importance du concept de discontinuité dans la philosophie de Benjamin. Divers passages de son essai témoignent de la conviction que la « politisation de l'art » pourrait naître essentiellement de la *technique du montage*, et plus précisément de la déconstruction radicale des valeurs cultuelles – déconstruction étroitement dépendante de la technique – qui est attachée à cette technique. Un exemple significatif proposé par Benjamin est celui du jeu « en performances discontinues » de l'acteur de cinéma, opposé à la performance *auratique* du comédien de théâtre, qui joue de manière continue, au contact du public et de sa réponse empathique. Le cinéma réussirait ainsi sans aucun effort à réaliser ces effets aliénants et antinaturalistes que certaines avant-gardes comme le dadaïsme n'étaient pas encore parvenues à émanciper de la tutelle *auratique* de l'œuvre de génie. Nous en déduisons la suggestion suivante : représentant bien plus qu'un objet historique déterminé, l'image reproductible – en particulier le cinéma de montage (Benjamin pense au premier Eisenstein et au premier Vertov) – se donne comme le paradigme, encore largement inexploré, des nouvelles opportunités. Dans le cinéma, la polarité antagoniste de la valeur d'exposition *peut atteindre* le point culminant de son opposition à la valeur cultuelle.

Mais il s'agit d'un potentiel que l'image cinématographique développe avec d'autant plus d'efficacité qu'elle tente moins de dissimuler son rapport de dépendance à la technique de reproduction. Benjamin condamne donc sans appel toutes les tentatives s'employant à rapatrier le cinéma sur les terres de l'esthétique traditionnelle, tentatives qu'il considère comme rétrogrades et potentiellement réactionnaires : restauration d'une aura qui va dans le sens d'une esthétisation du politique, comme il arrive dans ces années-là dans les cinématographies d'état en Allemagne et en URSS. Tout au contraire, le principal instrument d'une valorisation du lien inédit que l'image cinématographique peut établir entre la révolution technique de la reproductibilité et la politisation de l'art, est la forme-montage en tant qu'elle contrevient absolument à tout effet *auratique* et permet en outre une hybridation généralisée du cinéma avec la science, les faits divers et la pure et simple sollicitation sensorielle violente.

Mais comment illustrer ces exigences d'exponibilité, de discontinuité, d'hybridation et de déconfinement, ainsi que les opportunités que réserve une forme d'art susceptible de se reconnaître étrangère à l'esthétique traditionnelle et intimement conditionnée par une procédé technique ?

L'expérience de Dziga Vertov peut servir de modèle (un des nombreux modèles possibles) à une pratique cinématographique entièrement et radicalement fondée sur les valeurs expositives de l'image. L'œuvre de Vertov est en général réduite à son film le plus célèbre, *L'Homme à la caméra* (1929), mais c'est une grave erreur qui nous empêche de saisir les aspects les plus anticonformistes et les plus novateurs de son travail, dont témoigne le projet de « cinématographie non jouée » (c'est-à-dire non artistique au sens esthétique) que Vertov avait lancé sans succès quelques années plus tôt (en 1924) : *Kinoglaz* (Ciné-œil).

La différence essentielle entre *L'Homme à la caméra* et *Kinoglaz* consiste dans le fait que le premier est une œuvre achevée, tandis que le second avait été pensé comme un authentique *hypertexte* ou, si l'on peut dire, comme une sorte de *blog* : une série ouverte d'images, potentiellement interminable et susceptible d'être interrompue à chaque instant par l'intervention d'un utilisateur interactif (c'est-à-dire compétent et techniquement outillé) pour donner lieu à une ramification de *links*, à son tour potentiellement interminable.

Kinoglaz anticipait donc de plusieurs décennies sur le concept moderne d'interactivité, intimement lié à la reproductibilité de l'œuvre. Mais il convient encore de faire deux observations essentielles. La première : que les contenus de l'hypertexte interactif projeté par Vertov avaient été pensés en rapport avec la constitution d'une communauté de communication intéressée à l'« exploration » des faits réels : la vie matérielle et la réalité socio-économique du pays des Soviets (en un premier temps, même si la dimension internationale – globale, dirait-on aujourd'hui – du réseau d'utilisateurs imaginé par Vertov est évidente d'entrée de jeu et théoriquement parfaitement fondée). La seconde : que le montage fut systématiquement conçu, pratiqué et théorisé par Vertov[1] comme la manifestation exemplaire du dédoublement constitutif de l'image en sujet et objet de vision, c'est-à-dire comme explicitation ultérieure et quelquefois simultanée de la chose vécue et de l'acte de voir. Le *Kinoglaz* se présentait ainsi comme un œil mécanique intérieur au monde mis en examen, organe d'une « chair » prothétique, intentionnellement ouverte à l'inscription d'une différence dont l'image portait la trace dans sa référence perpétuelle à la *déhiscence* qui la caractérise dans son principe.

1. *Cf.* D. Vertov, *Articles, journaux, projets*, trad. fr. S. Mossé et A. Robel (éd.), Paris, Union générale d'éditions, 1972 ; *L'Occhio della rivoluzione. Scritti dal 1922 al 1942*, Pietro Montani (éd.), Milano, Mimesis Edizioni, 2011 ; *Lines of resistance. Dziga Vertov and the Twenties*, Y. Tsivian (éd.), Pordenone, Le Giornate del cinema muto, 2004.

Le projet baptisé *Kinoglaz* fut étouffé dans l'œuf par le régime soviétique qui n'eut qu'à en stopper la subvention (la production venait d'être étatisée et placée sous le contrôle d'un organisme politique), mais Vertov réussit à réaliser la première série de son hypertexte, qu'il intitula, de manière tout à fait significative, *Zhizn'vrasploch* (« La vie prise sur le fait »). Il s'agit d'une première récolte de matériaux, volontairement approximative et « impressionniste », laissant les prises de vue s'orienter librement dans le flux de la vie quotidienne d'une ville, sans autre intervention que le montage du matériel récolté au hasard des rencontres et de l'imprévisibilité des faits. Il faut en outre souligner que le projet global de Vertov, conçu comme une séquence de six « séries », prévoyait de superposer à la discontinuité délibérée de cet agrégat d'images tout un appareil de gloses, approfondissements critiques, extrapolations problématiques utilisant de la manière la plus anticonformiste possible des techniques diverses (par exemple, le dessin animé) et des référents hétérogènes (les faits divers, la science, le document historique) dans le contexte d'une fantastique opération *intermédiale* scandée par le dédoublement réflexif d'une image échappant à tout effet de fascination *auratique*.

Si l'on compare les idées de Vertov avec celles de Benjamin, il paraît clair que la thèse de la « politisation de l'art » prend ici la forme d'un grand programme de discussion politique, rendu possible par l'ouverture d'un *espace public* intimement conditionné par l'existence d'une technique adéquate. Cela signifie que le « politique », qui restait pour l'essentiel indéterminé dans la définition de Benjamin, accédait déjà chez Vertov à ce degré de clarté conceptuelle où l'installeraient, bien des années plus tard, les réflexions de Hannah Arendt. Mais Vertov, comme nous l'avons déjà noté, a en outre le mérite d'avoir montré l'étroite dépendance de cette dimension du politique et de la question de la reproductibilité technique. Seul le terme d'« art » pourrait encore créer un problème résiduel. Mais il s'agit là d'un obstacle tout à fait marginal. Il suffit, pour le surmonter, de redonner au terme en question, comme Vertov le suggère à maintes reprise, son sens ancien de *techne*.

En définitive, la conception de l'image reproductible élaborée par Vertov relie de façon convaincante le fait de la technique, l'horizon du politique et une profonde compréhension du caractère « incarné » de la vision, qui écarte la référence aux « beaux arts » caractéristique de l'esthétique, tout en valorisant la référence aux performances d'une sensibilité prolongée naturellement dans une prothèse, dont ce prolongement renforce l'enracinement dans le monde de l'expérience, en cela qu'il le dédouble en sentant (voyant) et senti (vu). Le paradigme vertovien conjugue donc tous les thèmes les plus importants que nous avons développés et sur lesquels nous reviendrons comme ligne directrice d'une réflexion sur la requalification de l'art et de son exemplarité à l'âge du dispositif technologique global.

bioesthétique et biopolitique

Dans la conclusion de mon analyse sur la contribution de Heidegger, j'ai parlé d'une fonctionnalisation considérable des catégories de l'esthétique au sein du dispositif technique global. J'ai en outre suggéré que ce processus concernerait en premier lieu l'exemplarité *productive* de l'œuvre d'art (ou de ses succédanés) en sa qualité d'instance ostentatoire des aspects créatifs et innovants de l'expérience humaine. J'ai enfin indiqué en maints endroits que la façon dont le sentiment esthétique entendu dans son sens fondateur tend à s'inscrire à l'intérieur du dispositif technique global consiste en un nivellement, en une réduction et en une canalisation des performances de la sensibilité; et soutenu que cette anesthétisation fondamentale représente un des phénomènes du biopouvoir, qui fait partie intégrante de ce dispositif et consiste donc en une véritable bioeshétique. Il est temps d'articuler ces thèmes de façon plus minutieuse et d'en tirer au clair les aspects encore obscurs.

Je crois avant tout que les thèses de Benjamin concernant le lien nodal entre art auratique et fascisme doivent être reprises à la lumière de cette précision : le diagnostic sur l'esthétisation de la politique décrit une dérive qui s'est intensifiée et capillarisée dans la postmodernité. La raison de ce renforcement et de cette expansion se trouve certes dans le fait que la dimension du politique susceptible d'être esthétisée est bien moins sa dimension totalitaire que sa dimension biocratique, c'est-à-dire le gouvernement de la vie à l'âge des techno-sciences humaines et de la biotechnologie. Tandis que les états totalitaires, comme le furent l'état nazi et l'état soviétique, avaient pris la décision de recourir à des formes intentionnelles d'autoreprésentation esthétique, projetant ou produisant un *art de régime* (*Le Triomphe de la volonté* ou *Les Dieux du stade* de Leni Riefenstahl en sont les exemples les plus remarquables), le dispositif technique global fait un usage interne, structural et pour ainsi dire « physiologique » des catégories de l'esthétique, dont il tire non seulement sa propre image officielle, mais encore son horizon de sens spécifique – un horizon *nivelé*, *réduit* et *canalisé*. L'aspect biocratique du dispositif technique a besoin avant tout d'être éprouvé et « senti », c'est-à-dire de circonscrire et de produire un « sentiment que nous avons en commun ». Pour ce faire, et de façon subordonnée, il lui faut cristalliser ce « sens commun » dans un ensemble de pratiques surinvesties (comme le libéralisme entrepreneurial et ses formes « créatives », de l'*outsourcing* à la marchandisation de « segments d'expérience »[1]) et dans un ensemble d'objets – parmi lesquels, pour une large part, les œuvres d'art elles-mêmes au sens esthétique moderne – destinés spécifiquement à la gestion du mécanisme de nivellement, de réduction et de canalisation, par le biais de formes pourvues de prestige et d'attractivité et de figures d'opérateurs spécifiques (ou artistes) délégués à leur conception et à leur réalisation. L'immense fortune du terme « créatif », appliqué à un ensemble vague de producteurs d'objets et d'expériences attractives – grands cuisiniers, couturiers, stylistes, designers, performeurs, publicitaires, concepteurs de programmes télévisés, gourous du *Net* et de la *Web economy*, chamans du bien-être psychophysique et ainsi de suite –, est parfaitement significative, non seulement d'un mouvement irrépressible d'extension et d'indétermination croissante du concept esthétique – la « créativité » – dont elle se nourrit, mais encore du caractère protéiforme et toujours moins déterminé des occasions et des objets chargés de faire parade de ses performances. Nous nous aventurons ici dans un domaine encore largement inexploré, dont l'étude devra garder un caractère clairement hypothétique.

Pour mettre un peu d'ordre dans ce gigantesque agrégat de marchandises et de pratiques esthétiques ou hyper-esthétisées, il convient en un premier temps d'examiner les fondations sur lesquelles il repose et au niveau desquelles l'*aisthesis*, adoptée comme condition de possibilité du biopouvoir et de ses infrastructures techniques, devient un objet de planification et de manipulation plus ou moins intentionnelles.

Ici se font jour de nombreuses technologies de réduction de l'*aisthesis* que l'on peut décrire de deux manières : *a*) comme

1. *Cf.* J. Rifkin, *L'Âge de l'accès. La nouvelle culture du capitalisme*, Paris, La Découverte, 2005, p. 9-25.

réduction du « sens commun » (dans l'acception kantienne ou arendtienne du terme) à un simple *jugement des sens*, qui a non seulement tendance à se laisser orienter et programmer quant à ses goûts, mais aussi tendance à se substituer sans résidu au jugement politique; *b*) comme manipulation et administration technique de la sensibilité visant à niveler voire à neutraliser son exposition à la contingence en l'engageant dans la voie d'une conversion systématique du *sentiment* en *sensation*. Si nous remontons à la définition kantienne des idées esthétiques comme formes sensibles qui « donnent à penser », on peut parler ici d'un étourdissement général du sentiment – décervelage du sentiment compensé par un gain hédoniste éphémère ou durable –, d'un évidement de sens qui le pervertit en pure sensation ou sensationnalisme. L'univers des images produites par la technique – les images électroniques en tout premier lieu – est le grand laboratoire de cette anesthétique simulacrale et autoréférentielle, dont l'objectif délibéré – et copieusement théorisé par toute une armée d'apologistes – n'est autre que l'interprétation littérale, superficielle et grotesquement inversée du « monde devenu fable » dont parlait Nietzsche dans un sens exactement opposé. Pour Nietzsche, on s'en souvient, l'abolition concomitante du monde vrai et du monde des apparences implique une nouvelle interprétation du sensible dont l'horizon est un sentir intimement parcouru de différences qui le transforment en un champ d'élaboration interminable : non seulement occasion de pensée, mais pensée « incarnée », dans l'acception du terme glosée à partir de l'exemple de ce « monde visible », thématisé par Vertov, qui procure un modèle de résistance veillant depuis ses origines au sein de l'univers des images produites par la technique.

En ce qui concerne la substitution du jugement esthétique au jugement politique – un thème largement connu – il suffit de rappeler, d'un côté, l'autorité conférée à l'image dans la production du consensus et du crédit social, et, de l'autre, la formalisation juridique de décisions politiques s'appuyant exclusivement sur un sentiment confus (c'est-à-dire sur une sensation) : c'est le cas de la peur et du *sentiment* d'insécurité liée, après le 11 septembre 2001, à la menace terroriste, avec les conséquences auto-immunes que j'ai déjà rappelées à la suite d'Esposito[1].

Le second aspect, bien moins clair et moins étudié, demande quelques éclaircissements. On doit envisager, d'un côté, la substitution croissante de simulations électroniques aux environnements naturels, et, de l'autre, les différents phénomènes de construction programmée de la contingence – phénomènes compensatoires en apparence, mais complémentaires dans les faits –, comme la spectacularisation de la vie (de la vie prénatale à la mort) qui se généralise de nos jours sous la forme du *reality show*. J'ai déjà fait allusion à ce processus de délégation vicariante de la vie. Je voudrais maintenant attirer l'attention sur sa conséquence plus spécifiquement esthétique en montrant qu'agissent aussi dans ce domaine de puissants mécanismes de conversion d'un sentiment imprégné de réflexion en une sensation non élaborée, tendant à réduire le *bios* qualitatif en une pure et simple *zoe*.

Restons dans l'univers des images électroniques qui offre, surtout sur le Net, de multiples exemples de régression mortifiante du sentiment en sensation avec, comme corollaire, un nivellement du sens commun en une « communauté de sensations non élaborées » et vouées par-là même à augmenter leur sensationnalisme afin de garantir la confirmation du consensus[2]. C'est le cas paradigmatique des matériaux partagés sur un

1. R. Esposito, *Bios. Biopolitica e filosofia*, *op. cit.*

2. *Cf.* M. Perniola, *Contro la comunicazione*, Torino, Einaudi, 2004.

site comme *You Tube*[1], où quiconque peut mettre en ligne des images réalisées grâce à la technologie digitale des téléphones cellulaires ou des vidéo-caméras légères. Il s'agit de dispositifs techniques à la fois extrêmement maniables et très sophistiqués, à même de garantir – comme le voulait le *Kinoglaz* de Vertov – une sensibilité suraiguë à la contingence et une immense capacité à en intercepter les plis en saisissant « la vie sur le fait ». Alors pourquoi ces dispositifs semblent-ils incapables de rencontrer autre chose de la vie que le corps non élaboré, tantôt pulsionnel et tantôt exhibitionniste, à l'envi violent ou féroce ? Il faut chercher la réponse dans la réduction du champ des objets ressentis comme susceptibles d'être partagés et appréciés, dans son orientation vers le territoire de la *zoe* et vers ce type de sensations élémentaires dont la réception, loin d'exiger une quelconque élaboration, doit au contraire désactiver les processus d'élaboration attachés à la richesse de notre perception (c'est-à-dire : à la « chair du monde »), en sélectionnant précisément dans les dispositifs techniques utilisés les fonctions que l'on pourrait qualifier d'*hypomédiales* – la rapidité, l'indifférence à la qualité des prises, la maniabilité, les automatismes de *default* –, fonctions qui neutralisent la capacité de l'image à s'aventurer dans l'autre que soi et garantissent la neutralisation de ses facultés d'ouverture, de dépassement et de repli.

L'intuition du monde inscrite dans les dispositifs hypomédiaux, dans la mesure où ils schématisent toute réalité en pure et simple matière à *show*, fait donc partie intégrante du dispositif anesthétique et biocratique général procédant, d'un côté, à la réduction de la vie en *zoe*, et, de l'autre, à l'atrophie et

1. À distance de six années, ce jugement négatif n'est plus applicable à tout le répertoire de *You Tube*, lequel s'est immensément diversifié, confirmant ainsi le fait que le *Web* évolue de façon très rapide et largement imprévisible.

au desséchement des processus émotifs et cognitifs qui distinguent le domaine de la perception du champ de la sensation. Cela éclaire entre autres le phénomène (déjà enregistré dans les statistiques et étudié par des spécialistes[1]) de l'appauvrissement linguistique (lexical et syntaxique) qui touche les générations les plus exposées à ce mouvement général de réorganisation technologique de la sensibilité. Il s'agit d'un phénomène dont il serait irresponsable de sous-estimer la portée historique et qui appelle une brève mise au point théorique.

perception, langage, technique

Qu'il y ait un lien entre la perception et le langage est une conviction tout aussi solidement enracinée dans l'opinion commune que présente, sous différentes formes, dans la réflexion philosophique d'Aristote à Wittgenstein. Mais que ce lien soit nécessaire et constitutif est une thèse que peut seul légitimer l'horizon d'une philosophie critique de type kantien. C'est à Kant en effet que revient le mérite d'en avoir clairement subsumé les présupposés sous le titre de « schématisme ». C'est un argument que j'ai déjà abordé sans le développer de façon thématique. Je m'y emploierai maintenant en m'appuyant sur les analyses magistrales qu'Emilio Garroni y a consacrées dans son dernier livre[2].

Le point de départ de Garroni est le concept kantien du « libre jeu de l'imagination et de l'entendement », dont nous avons déjà parlé et que nous pouvons redéfinir ici comme

1. *Cf.* par exemple la clairvoyante analyse de Raffaele Simone, un des premiers à signaler ce problème, dans *La terza fase. Forme di sapere che stiamo perdendo*, Roma-Bari, Laterza, 1991.

2. E. Garroni, *Immagine Linguaggio Figura*, Roma-Bari, Laterza, 2005.

une façon nouvelle[1] de poser la question du « schématisme ». En résumé : si, dans la première *Critique*, Kant entendait le schème comme un « produit de l'imagination » nécessaire pour donner un sens (*Bedeutung*) aux concepts en les appliquant au monde sensible perçu par notre intuition – c'est-à-dire nécessaire pour servir de médiation entre les deux sources hétérogènes de la connaissance et de l'expérience (l'entendement et la sensibilité), qui sans lui n'auraient jamais pu parvenir à une synthèse –, la troisième *Critique* met plutôt l'accent sur le « travail » que l'imagination doit accomplir afin de rendre possible une telle médiation ou, plus radicalement – dans les termes de Simondon –, pour établir la « relation transductive » garantissant la collaboration continue de la sensibilité et de l'entendement (dans le même rôle que jouait, nous le suggérions, « l'impulsion de jeu » dans la pensée de Schiller). Ce travail de l'imagination, à la fois réceptif et productif, Kant le définit comme « libre jeu », en en soulignant le caractère indéterminé et orienté vers le sens[2] – c'est-à-dire préliminaire à toute orientation vers la signification.
Garroni reformule, actualise et retouche en partie cette réélaboration kantienne du schématisme quand il parle d'une « faculté de l'image » étroitement liée à notre faculté perceptive, dont la performance consiste à maintenir *actif*, pour ainsi dire, l'élément indéterminé résultant du travail de l'imagination sur le monde perçu. Une telle indétermination (instanciée par Garroni dans une « image interne » qui ne peut jamais entièrement s'extérioser en « figures » proprement dites) se trouve être non seulement la plus grande richesse de notre perception – sa plasticité, sa créativité, sa disponibilité

1. Nouvelle par rapport au traitement de la même question dans la *Critique de la raison pure*.
2. Dans le sens de « sentiment ».

pour une multitude de spécifications et de réorganisations continuelles –, mais encore la condition *sine qua non* de son essentielle différence à soi (aucune indétermination ne pourrait être perçue *comme telle*), c'est-à-dire la condition de son rapport à quelque chose de transcendant (« supra-sensible », dans la terminologie kantienne) ou, en d'autres termes, à quelque chose comme une « pensée ».

> L'indéterminé n'est pas perceptible pour lui-même, positivement; il se reconnaît dans la perception comme le négatif du déterminé et ne peut donc qu'être « pensé ». Cela nous conduit à supposer que la perception n'est pas toute entière sensible et que, bien au contraire, le travail d'organisation qu'elle opère sur le sensible n'est pas une opération sensible *per se*, mais en quelque sorte une « pensée » ou, si l'on préfère, une « pré-pensée », dans le sens d'une disposition à entrer en relation avec *une certaine* intelligence ou avec *un certain* langage. Sans une composante non sensible, la perception ne serait qu'ambiguë, essentiellement trompeuse, et ne pourrait hasarder aucune interprétation [1].

La profonde convergence de cette conception de l'expérience perceptive et imaginative et de la dimension « charnelle » du sensible que nous avons examinée à maintes reprises et retrouvée au centre du paradigme vertovien de la vision cinématographique est tout à fait évidente et ne requiert aucun commentaire particulier. Il m'importe en revanche de faire le point sur le problème spécifique dont je suis parti dans ce paragraphe : la question d'une corrélation nécessaire entre la perception et le langage. Il s'agit au reste du thème central de l'essai de Garroni, qu'il pose, comme je l'ai déjà dit, dans les termes d'une relation transductive : sans pouvoir fonder en théorie une priorité du premier sur le second (ou inverse-

1. E. Garroni, *Immagine Linguaggio Figura*, *op.cit.*, p. 34-35. Notre traduction.

ment), il convient plutôt de faire l'hypothèse que « perception et langage se conditionnent réciproquement, que la première suppose le second et le second la première », de façon qu'« à peine une perception se constitue-t-elle en quelque chose de flexible, de partiellement indéterminé et d'ambigu, aussitôt se constitue *un certain langage*, même s'il est impensable que celui-ci se présente à l'improviste dans toute la complexité qui caractérise toutes les langues historico-naturelles connues[1] ». La relation transductive de la perception et du langage se trouve donc prise d'entrée de jeu dans un mouvement productif qui l'étend et la réorganise avec des effets « vertueux », pour ainsi dire, d'un des termes de la relation sur l'autre : si une articulation linguistique très différenciée (sur le plan lexical et syntaxique) réagit sur la perception en la rendant plus sensible aux différences du monde, celle-ci sollicite à son tour des ressources linguistiques propres à mettre en forme la complexité accrue du monde perçu. À l'opposé, une perception nivelée, réduite et canalisée entraînera nécessairement un appauvrissement et une atrophie des compétences linguistiques, qui auront tendance à se stéréotyper dans des formes rigides et répétitives ou à chercher ailleurs (par exemple dans l'élément émotif de la *phonè*) le secours expressif que la parole ne semble plus en mesure de lui procurer. Je ne m'attarderai pas sur l'impressionnante régression (du *logos* à la *phonè*) qui se profile ici, parce que celle-ci correspond point par point à cette conversion du jugement esthétique en jugement des sens que j'ai déjà étudié. Il faut en revanche souligner le rôle que doit jouer dans ce processus la planification technologique de la sensibilité par le biais de dispositifs prothétiques visant à niveler, réduire et canaliser la perception. Ce problème ne rentre pas dans le cadre de la réflexion de Garroni et il peut

1. *Ibid.*, p. 41-42.

être utile de l'aborder à la lumière des analyses du philosophe contemporain qui s'y est intéressé plus qu'aucun autre. Je veux parler de Bernard Stiegler [1], un auteur particulièrement attentif à la leçon kantienne (et plus spécifiquement à la question du schématisme), serait-ce à partir d'un schéma théorique différent de celui de Garroni.

Stiegler oriente la question de la technique dans une direction qui diffère très peu de la direction choisie dans ce livre, sinon dans la contribution qu'y apporte la radicalité des thèses d'auteurs comme Simondon et Leroi-Gourhan. En résumé, si l'anthropogenèse et la technogenèse coïncident sans reste, le mouvement d'extériorisation qui prolonge l'homme dans ses prothèses non organiques ne peut qu'inférer de façon profonde sur la constitution et l'organisation de son expérience et de sa culture, à commencer par le rôle crucial que Stiegler attribue, d'un côté, aux mémoires extériorisées (littéralement, les « mnémo-techniques ») qui en caractérisent depuis ses origines la performance adaptative spécifique, et, de l'autre, à l'hybridation technique croissante qui envahit sa sensibilité au point de pouvoir être considérée comme un véritable « tournant machinique [2] ».

Dans l'ouvrage qui m'intéresse tout particulièrement au sein du vaste parcours théorique que Stiegler poursuit encore aujourd'hui, le philosophe examine le rôle que joue le phénomène de la mnémo-technique dans l'expérience du temps et dans la formation des consciences individuelles si étroitement liée à cette expérience. Son examen ce concentre sur ce qu'il

1. B. Stiegler, *La Technique et le temps, I. La faute d'Épiméthée*, Paris, Galilée, 1994; *La Technique et le temps, II. La désorientation*, Paris, Galilée, 1996; *La Technique et le temps, III. Le temps du cinéma*, Paris, Galilée, 2001; *De la Misère symbolique, 1. L'époque hyperindustrielle*, Paris, Galilée, 2004.

2. B. Stiegler, *De la Misère symbolique, 2. La catastrophe du sensible*, Paris, Galilée, 2005. En français dans le texte.

appelle les « objets temporels » et considère comme « l'élément déterminant du siècle », dans la mesure où leur pleine technicisation serait responsable de transformations essentielles – et de menaces préoccupantes – dans le domaine des processus imaginatifs (et plus exactement : schématiques) qui président à la constitution des consciences individuelles. Un artéfact peut être nommé temporel « lorsque son écoulement coïncide avec le flux de la conscience dont il est l'objet[1] » : c'est le cas de l'écoute d'une mélodie ou encore – et c'est l'exemple type de Stiegler – de la *vision d'un film*. L'importance de ces objets réside dans le fait qu'ils réalisent temporellement le support prothétique indispensable au fonctionnement d'une conscience : plus précisément, ils sont des dispositifs temporels de la mémoire extériorisée à laquelle les consciences individuelles sont contraintes de recourir en se l'appropriant. Autrement dit, selon une interprétation explicitement orientée en direction de Derrida (*La Grammatologie*), aucune image interne ne pourrait se constituer à moins de « prothèses » ou « artéfacts » externes que la conscience trouve déjà tout prêts et qu'elle accepte comme « passé » ou « mémoire » impersonnels qui, bien que n'ayant jamais été vécus comme son « propre » passé ou sa « propre » mémoire, sont pourtant amenés à configurer son avenir en devenant pour elle un objet « adoptif » d'élaboration individuelle. Du moment que cette mnémo-technique se change à tout point de vue en une mnémo-technologie industrialisée, capable de garantir la parfaite reproductibilité de ses objets temporels, de les faire parvenir simultanément à des milliards de personnes par le canal télévisuel et d'uniformiser toute la gamme des dispositifs médiatiques dans le format digital, ce qui se dessine n'est autre qu'une transformation époquale dans les processus du

1. B. Stiegler, *La Technique et le temps, III. Le temps du cinéma*, *op. cit.*, p. 17.

« devenir une conscience » : plus précisément, la menace d'une in-différentiation croissante. En résulte donc la nécessité d'une nouvelle « critique », au sens kantien, capable d'éclairer et de questionner les critères auxquels répondent le processus tout entier et ses éventuelles visées politiques (plus ou moins directement conscientes dans l'esprit de celui qui l'administre).

De cette thèse largement développée dans l'œuvre de Stiegler et coordonnée en dernière analyse à une prise en charge de ses *retours* esthétiques (dans le sens du « tournant » machinique de la sensibilité rappelé plus haut), je souhaiterais conserver l'exemple type, c'est-à-dire « l'hypothèse d'une structure essentiellement cinémato-graphique de la conscience en général[1] », selon laquelle la conscience ferait du cinéma sans le savoir et le cinéma, à son tour, ne serait que la version d'un aspect fondamental du schématisme kantien – son aspect mnémo-technique et temporel – à l'âge de la parfaite reproductibilité. « La singularité du cinéma révèle la singularité de l'"âme humaine" en tant que telle ; elle exhume technologiquement le "mécanisme" de l'"art caché" dans ses profondeurs[2] », écrit Stiegler en citant un célèbre passage de la première *Critique*, dans lequel Kant définit le schématisme comme « un art caché (*eine verborgene Kunst*) dans les profondeurs de l'âme humaine, dont nous arracherons toujours difficilement les vrais mécanismes (*Handgriff*) à la nature, pour les mettre à découvert devant nos yeux[3] ».

Stiegler soutient donc qu'un objet technique temporel comme le cinéma serait à même d'éclairer la performance la plus ori-

1. B. Stiegler, *La Technique et le temps, III. Le temps du cinéma*, *op. cit.*, p. 35.

2. *Ibid.*, p. 30.

3. Kant, *Critique de la raison pure*, trad. fr. A. Renaut, Paris, GF-Flammarion, 2006, p. 226.

ginelle de l'imagination, qu'il reconduit à la notion kantienne de schématisme. Avec cette différence essentielle que, pour lui, le caractère originel du schème coïncide avec quelque chose de *dérivé*, puisque l'origine elle-même est d'entrée de jeu précédé de quelque chose d'impropre et d'« artéfactuel », d'un supplément qui la stigmatise. Conjuguant Kant à Husserl et Heidegger, Stiegler reconnaît dans cette circularité entre intérieur et extérieur, constituant et constitué, le véritable impensé du schématisme. L'instance serait présente à divers titres chez les trois philosophes, mais n'y deviendrait jamais thématique, du fait de la difficulté qu'ils éprouvent à en prendre pleinement en compte le noyau paradoxal. Chez Kant et Husserl, cette prise en compte correspondrait en fait à une désobjectivation scandaleuse : *qui* opérerait la constitution si « *le constituant est constitué en retour par ce qu'il constitue*[1] » ? Chez Heidegger, la même prise en compte impliquerait au contraire une requalification de l'ontique et de l'inauthentique au détriment de l'ontologique et du propre : comment tolérer que l'être-là décide de soi à partir d'un être-été qui n'a jamais été sien, puisqu'il l'a plutôt hérité d'un ensemble d'histoires racontées – ou filmées – par d'autres ?

L'avantage de la définition de l'image cinématographique défendue par Stiegler est donc un avantage « critique » ; mais sa version du criticisme est une forme de kantisme repensé phénoménologiquement à la lumière de la philosophie de Derrida. Si nous acceptons de prendre au sérieux les mots de *Kunst* et de *Handgriff* employés par Kant, il ne saurait plus rien y avoir de « caché » dans l'art du schématisme ou, disons, dans sa technique (c'est la traduction la plus adéquate du terme de *Kunst*, dès lors que Kant ne lui accole pas le qualificatif de *schöne* : beau). En tant que « technique » requérant une mani-

1. B. Stiegler, *La Technique et le temps*, *op. cit.*, p. 128.

pulation mécanique, le schématisme tombe d'entrée de jeu dans le domaine des objets temporels qui, comme « l'écriture » chez Derrida[1], anticipent sur lui et l'instruisent. Le régime de planification et de circulation de ces objets, ainsi que la « politique » à laquelle il est soumis apparaissent alors plus importants que jamais.

Quoiqu'elle procède de postulats philosophiques très différents de ceux de Garroni, la réflexion de Stiegler parvient au même résultat : priver de leur si fragile et si tenace fondement aussi bien la distinction théoriquement paralysante entre imagination et réalité que l'idée d'une « réalité virtuelle » qui ouvrirait son champ d'exercice à côté ou dans *un ailleurs* de la « réalité réelle[2] ». À l'inverse de ce que pensent Baudrillard[3] et les adorateurs du très modeste *Matrix*, il n'existe pas d'images qui redoublent – ou supplantent – le monde des choses. C'est le monde des choses lui-même qui est originellement double, en tant qu'il se constitue dans la zone d'intersection entre donné et construit, c'est-à-dire très précisément dans le travail du schématisme. À propos de ce travail, il convient de répéter après Stiegler qu'il n'est pas tant l'activité d'une conscience productrice que la re-prise d'objets techniques temporels imprégnant la sensibilité, sur lesquels la conscience schématisante est contrainte de se projeter du fait qu'elle n'est jamais présente à l'origine d'elle-même (ou plus encore : jamais présente à elle-même) et doit nécessairement coïncider avec les dispositifs ou « techniques » qui la réalisent et dont elle hérite.

Tirons la conclusion de cette analyse. Selon Garroni, les implications nécessaires de la perception et du langage sont

1. *Cf.* J. Derrida, *La Grammatologie*, *L'Écriture et la différence*, Paris, Minuit, 1967.
2. *Cf.* R. Diodato, *Esthétique du virtuel*, Paris, Vrin, 2011.
3. J. Baudrillard, *Le Crime parfait*, *op. cit.*

intimement conditionnées par les exigences d'indétermination et de transcendance (c'est-à-dire d'ouverture à la pensée) que le travail de la faculté imaginante inscrit dans l'image interne. Cette image interne est le lieu – ou plutôt le laboratoire – dans lequel un schématisme (esthétique) libre opère transcendantalement et garantit la référence du sens au monde réel de la perception, en même temps qu'il se rend disponible aussi bien à la production de connaissances déterminées (et des signifiés linguistiques qui l'explicitent) qu'à leur extension et à leur réorganisation. Le fait que le processus puisse s'interrompre ou s'atrophier est une éventualité que Garroni envisage en passant dans les dernières pages de son livre (« Observations finales sur l'aujourd'hui »), sans toutefois le relier, comme j'ai eu l'occasion d'en faire la remarque, à l'action en retour que les dispositifs techniques de nivellement, de réduction et de canalisation de la sensibilité peuvent et se trouvent exercer, non pas tant sur l'indétermination de l'image interne (qui est un postulat épistémologique irrémissible), que sur sa mobilité et sa plasticité.

Du fait de sa focalisation sur les supports technologiques extériorisés de la sensibilité et de la conscience – postulat épistémologique qui ne saurait en aucune manière faire feu du concept de l'« image interne » –, l'analyse de Stiegler semble incompatible avec celle de Garroni. Cette incompatibilité (à l'origine de laquelle il n'y a rien moins qu'une manière différente de se référer au schématisme kantien) disparaît pourtant au profit d'une interaction possible – et enrichissante pour les deux perspectives théoriques –, si l'on choisit de mettre l'accent « sur l'aujourd'hui », c'est-à-dire sur la situation de profonde « misère symbolique[1] » dans laquelle nous sommes plongés et sur le projet politique qui pourrait y

1. *Cf.* B. Stiegler, *De la misère symbolique*, *op. cit.*, 2004.

contredire. Reste à savoir si l'art a encore un rôle à jouer dans un tel projet. Garroni en doute de manière explicite, tout en concédant une ultime chance à ces œuvres dans lesquelles la question du sens n'est pas seulement centrale, mais directement configurante (une thèse à laquelle n'est pas étrangère une référence à la pensée d'Adorno et sur laquelle je reviendrai). Stiegler semble reconnaître dans le cinéma (dans le sens spécifique que nous avons donné au terme) un des terrains d'intervention possibles. À côté du danger d'une gestion totalitaire et manipulatrice de l'audiovisuel subsiste un élément qui pourrait donner lieu à d'authentiques opportunités émancipatrices. Justement en tant qu'elle est prise en charge par notre sensibilité, la nature « discrète » des processus de digitalisation pourrait annoncer – au moins potentiellement – une nouvelle figure spectatoriale, critique et consciente, opposée à la figure d'un spectateur absorbé par le flux des images, submergé et envahi par leur régime déréalisant. Nous voici revenus, non sans d'importants éclaircissements, à l'idée benjaminienne de la politisation de l'art, au projet vertovien et au destin de cette ligne de résistance au sein du dispositif technique global. Ce sera l'objet du dernier paragraphe de ce chapitre, après un rapide survol du « statut de l'art » aujourd'hui[1].

le rôle des arts

Il convient donc de reposer la question du rôle que pourrait jouer l'art dans un projet (schillérien et nietzschéen) de rééducation de la sensibilité ou dans un dessein (heideggérien) de réorientation critique. Les transformations que l'on enre-

1. *Cf.* M. Carboni et P. Montani, *Lo stato dell'arte. L'esperienza estetica nell'era della tecnica*, *op. cit.*

gistre à notre époque dans la production et dans la consommation des arts – déclin de l'exemplarité, ruine du concept même de l'art, hypertrophie parallèle de l'idée de créativité – empêchent pourtant de donner une réponse univoque. Une première conclusion s'impose : d'un côté, l'expérience des arts décrit aujourd'hui un champ d'objets nouveaux et de pratiques fortement hétérogènes ; de l'autre, les différents registres d'incidence des arts (au sens esthétique moderne) sur le territoire du biopouvoir technologique et globalisé doivent être distingués avec la plus grande attention.

Il me semble que s'imposent, d'une part, quelques distinctions assez bien visibles dans le domaine des arts au sens traditionnel et que se dessinent, de l'autre, de nouveaux axes d'élaboration et de configuration de la sensibilité auxquels il ne convient peut-être plus de donner le nom d'« art », à moins de mettre l'accent sur le lien existant entre l'art et la technique dans le sens d'une « politisation » possible, que Benjamin n'a fait qu'indiquer et que j'ai tenté de préciser dans mon analyse de l'expérience du *Kinoglaz* de Vertov.

Quant au domaine des arts entendus au sens esthétique traditionnel, il me semble qu'on peut distinguer entre : *a*) des formes de soutien délibéré aux mécanismes d'anesthétisation que nous avons mis en lumière ; *b*) des formes d'assistance involontaire ou de consolidation ; et c) des formes exemplaires d'autonomie, de résistance ou d'antagonisme.

Je considère comme soutien délibéré aux mécanismes anesthétiques du biopouvoir (*a*) le transfert ou la spécialisation de la créativité artistique auxquels on assiste dans le domaine des stratégies *marketing* et de la production directe de valeur économique. C'est ce que j'ai indiqué plus haut en observant qu'une véritable dissociation s'est opérée entre l'exemplarité productive et l'exemplarité réflexive de l'œuvre d'art – dissociation qui semble n'avoir préservé et stimulé que la première de ces exemplarités, en particulier dans l'industrie des images : qu'on pense à la sophistication extrême des spots publicitaires et des vidéo-clips promotionnels, à la conception d'événements et de programmes télévisés spectaculaires (investissement créatif et sensationnalisme de l'image dans les grandes manifestations sportives médiatiques comme les Jeux Olympiques), ou encore à la Mode et au *Webdesign*, autant de phénomènes objectivement indissociables de la valeur que l'esthétique au sens moderne a attribué au virtuosisme de la forme, à la promotion de l'insolite et à la *création du nouveau*. Dans ces différents objets, la trouvaille formelle, l'insolite et l'innovation travaillent bien plus au nivellement, à la canalisation et à la réduction de la sensibilité qu'à son déploiement et à sa différentiation. L'industrie des images est en outre tenue de vider l'image elle-même de toute transcendance (c'est-à-dire de toute ouverture à la réflexion et à la pensée) afin de l'installer et de l'étendre exclusivement dans la sphère de la sensation et du sensationnel.

Cette régression de l'image à un stade présymbolique, en quelque sorte archaïque, est un des phénomènes les plus impressionnants du notre temps. J'en ai déjà indiqué l'inscription *hypomédiale* dans les dispositifs techniques spécifiques que sont les téléphones vidéo-cellulaires et les vidéo-caméra digitales. Tout aussi régressif se trouve être l'évidement réflexif dont souffre l'image dans le virtuosisme des effets spéciaux auquel se conforment de manière toujours plus exclusive et réductrice les superproductions spectaculaires de cette cinématographie que l'on pourrait dire *hypermédiale* en tant qu'elle réquisitionne tout l'arsenal des nouvelles technologies de l'image dans le seul but de promouvoir une pure et simple participation sensorielle du spectateur. De nouveau, je voudrais ici attirer l'attention sur l'inéluctable « effet en retour » que ce régime régressif produit sur la perception ou « image interne », dans le lexique de Garroni, qui s'en trouve dans les deux cas (hypomédialité et hypermédialité) ostensiblement affaiblie.

Le second ensemble (*b*) se compose de ces formes que j'ai dites de soutien involontaire ou de consolidation. Je fais tout particulièrement référence au marché des arts visuels (du circuit des grandes galeries privées, qui décident ou imposent les tendances, aux grandes institutions muséales comme la *Tate Modern* ou le *Palais de Tokyo* qui, justement, institutionnalisent ces mêmes tendances) et au nécessaire acriticisme – conséquence de la perte du « temps long » de l'élaboration –auquel ce marché doit se tenir dans sa prise en charge des relations que les arts visuels entretiennent aussi bien avec les innovations technologiques (l'image digitale et les univers dits « virtuels ») qu'avec les techno-sciences humaines (la biotechnologie et le corps conçu comme le dernier espace à explorer, la dernière *terra incognita* à mettre en image : je pense au *body art* et à ses métamorphoses actuelles chez des artistes de la performance extrême comme Orlan, Stelarc, Mona Hatoum ou Matthew Barney, dépendant tous à divers titres des techniques d'exploration, de reconstruction et de superfétation du corps[1]).

Les produits apparemment, voire ostensiblement hétérogènes de ce marché ont tous en commun quelque chose d'essentiel, que l'on retrouve même dans les meilleurs d'entre eux : la transformation de leur *autonomie* (condition précieuse de toute œuvre d'art, que l'esthétique moderne a toujours défendue et motivée) en *clôture autoréférentielle* – clôture qui se

1. Pour un panorama de l'intérêt des arts contemporains pour le corps et ses prothèses, *cf.* P. Ardenne, *L'image corps. Figures de l'humain dans l'art du XX siècle*, Paris, Éditions du regard, 2001 ; M. Smith, J. Morra, *The Prosthetic Impulse. From a Posthuman present to a Biocultural Future*, Cambridge (MA), MITPress, 2006 ; W.J.T. Mitchell, *What Do Pictures Want ?*, Chicago, University of Chicago Press, 2005.

manifeste, d'un côté, comme délimitation d'une zone protégée, bien qu'extensible à loisir, réservée à des rencontres « auratiques » exonérées de tout contact effectif avec la *praxis* quotidienne, hormis le contact nécessaire à leur acquisition, qui peut même prendre la forme d'un paquet touristique *all inclusive*[1] ; de l'autre, et en parallèle, comme assomption d'un mouvement unilatéral qui va de la technique aux arts visuels, et jamais en sens inverse, hormis dans quelques cas exceptionnels. Une fois condamnée toute circulation vertueuse entre l'art et le monde de l'expérience, il ne reste plus aux arts visuels techniquement assistés qu'à jouer la seule carte qui leur reste : la catégorie esthétique de l'irréductible (forme moderne de la « finalité interne »), aussi bien dans le sens d'une économie des formes (que l'on pense à l'usage minimaliste, répétitif et hypnotique de nombreux objets du *video art* ou de la musique électronique) que dans le sens – contraire seulement en apparence – d'un excès de dépense formelle et de forces subversives, qui tendent à se traduire, de façon maniériste et formaliste, dans le fétichiste et le bizarre, dans le surprenant, le sensationnel et le provocateur : autant de formes de réduction radicale et d'appauvrissement de l'*aisthesis*, ou mieux : de « protection négative » de l'*aisthesis* contre le risque, ressenti comme imminent, de dégénérer en pure sensation. Ce n'est pas un hasard si cette double clôture autoréférentielle des arts visuels technologiquement assistés reproduit à un autre niveau la « double clôture du corps » dont nous avons parlé dans notre lecture d'Esposito. Le corps autoréférencié des arts, au lieu de s'ouvrir comme « chair » (fût-elle technologique) se referme sur lui-même et met en œuvre diverses procédures immunitaires, ou déclare vouloir s'autodétruire en refluant

1. *Cf.* J. Rifkin, *L'Âge de l'accès. op.cit.* ; Michaud, *L'art à l'état gazeux. Essai sur le triomphe de l'esthétique*, Paris, Hachette, 2003.

tout entier dans le monde de la vie jusqu'à s'y abolir (c'est un vieux programme des avant-gardes européennes). Seul ce désir d'indistinction, qui est aussi une forme extrême et auto-immune de clôture et de protection négative permet de comprendre dans sa pleine signification la fameuse déclaration « scandaleuse » de Stockhausen selon laquelle les images télévisées de la tragédie des Twin Towers aurait été « la plus grande œuvre d'art de tous les temps[1] ». L'esthétisation inévitable de cet événement inouï (et lourd de conséquences biocratiques), sa façon de se donner immédiatement comme une image sensationnelle témoignent à la fois de l'explosion retentissante de la ligne de partage derrière laquelle la zone protégée des arts se tenait à l'abri du monde de la vie, serait-ce dans la revendication de son désir de s'y confondre, et d'un point de non retour, le plus haut gradient de subversion qu'une image puisse tolérer. Indice extrêmement significatif : certains réalisateurs ont décidé qu'il n'était pas possible de témoigner de ce drame sans le *soustraire à la visibilité*, n'en conservant que les éléments sonores (Michael Moore) ou quelques flashs quasi indiscernables (Alexandro Inarritu). Une telle décision relève d'une « éthique de la forme ». Je voudrais montrer en conclusion sa profonde affinité avec la compréhension vertovienne (aussi bien que benjaminienne) de l'image cinématographique.

Le troisième ensemble des formes artistiques (*c*) – autonomie résistante et antagonisme – demande qu'on l'examine de plus près. C'est la ligne de combat que l'on peut faire remonter aux thèses d'Adorno[2], responsable de la réflexion esthétique *moderne* la plus remarquable et la plus ample qui ait jamais su

1. Cité dans M. Carbone, *L'evento dell'11 settembre 2001*, Milano, Mimesis, 2005, p. 65. Notre traduction.

2. Theodor W. Adorno, *Théorie esthétique*, trad. fr. M. Jimenez, Paris, Klincksieck, 2011.

indiquer à quelles conditions l'art réussit encore à éviter de sombrer dans l'« industrie culturelle » en se hasardant à donner forme à ce qui est encore inconnu. « L'art qui avance dans l'inconnu, le seul qui soit encore possible, n'est ni gai ni grave; mais le troisième terme est dissimulé aux regards, comme plongé dans le néant dont les œuvres d'art avancées décrivent les figures[1] ».

Adorno fait donc crédit au grand art autonome et négateur du simple existant. Il lui attribue le mérite – et lui *assigne la tâche* – de prendre une longueur d'avance et d'être le premier à voir. Mais quel est le fondement de cette imputation éthique ?

L'arrière-plan des thèses esthétiques d'Adorno est l'« industrie culturelle »[2], dont le projet économique vise à abolir toute autonomie de l'œuvre d'art en effaçant la ligne de partage entre art authentique et simple *divertissement*, et en colmatant les moindres brèches qui pourraient se faire jour entre monde des arts et monde des marchandises. Cette production nivelée de « marchandises culturelles » peut ainsi remplir une fonction décisive dans la formation des consciences à laquelle elle fournit précisément le « schème »[3] d'un ensemble de rapports sociaux de production, dont on doit se limiter à reproduire et à confirmer la puissance et le caractère immuable comme s'il s'agissait d'une seconde nature. Mais de quelle manière l'art authentique pourrait-il encore sauvegarder son autonomie sans échouer sur le rivage protégé, isolé et autoréférentiel que j'ai décrit plus haut ? Et de

1. Theodor W. Adorno, *Notes sur la littérature*, trad. fr. S. Muller, Paris, Champs-Flammarion, 1999, p. 436.

2. Cet arrière-plan est tracé dans le célèbre essai écrit à quatre mains avec Horkheimer (Horkheimer, Adorno, 1974).

3. *Cf.* B. Stiegler (*La Technique et le temps, III. Le temps du cinéma*, *op. cit*), qui critique pourtant l'usage approximatif du terme de « schématisme » chez Horkheimer et Adorno.

quelle manière, à l'inverse, une autonomie jalousement protégée pourrait-elle encore produire des effets sur la compréhension critique de l'existant et de sa remise en question ?

Adorno ne recule pas devant ces difficultés et met au point une réponse complexe. Il déclare que l'œuvre d'art est double par essence, en tant qu'elle est autonome, c'est-à-dire rigoureusement séparée de l'existant à l'instar d'une monade, tout en restant un « fait social », c'est-à-dire une prise en charge de l'existant, une façon exclusivement négative de le représenter dans toute sa vérité : une négation déterminée. L'œuvre authentique ne saurait survivre – puisqu'il s'agit bien de survie – sans prendre conscience de cette condition paradoxale : que son pouvoir d'affirmation et de création doit se renverser en une négation et se régénérer en affirmant cette négation elle-même, c'est-à-dire en la configurant comme langage et forme véridique de ce qui est nié (c'est exactement cela que « négation déterminée » veut dire). « Le double caractère de l'art, comme autonomie et *fait social*, se répercute constamment sur le champ de son autonomie[1] », écrit Adorno, au sens où « les antagonismes non résolus de la réalité se reproduisent dans les œuvres d'art comme *problèmes immanents de leur forme*[2] ».

De ce postulat dérive la panoplie de concepts paradoxaux dont est toute entière tissée la *Théorie esthétique* : afin de restaurer l'autonomie de l'œuvre, il faut non seulement mettre en état de crise tout ce qui la garantissait depuis des siècles – unité, harmonie, cohérence, beauté, consonance, etc. –, mais faire en sorte que cet état critique acquière un statut structural et, dans un dernier effort éthique, apparaisse comme forme.

1. Theodor W. Adorno, *Théorie esthétique*, *op. cit.*, p. 21.

2. *Ibid.* C'est P. Montani qui souligne.

Cela veut dire, pour reprendre l'un des exemples adoptés par Adorno, que le phénomène déshumanisant de la réification n'est ni un état de fait contre lequel lutterait la poésie de Baudelaire ni l'objet de sa représentation, mais bien la forme de son langage poétique, le *medium* dont elle se sert. Ce langage dit la vérité de la réification en s'excluant du monde qui en a fait la règle des rapports sociaux de production, mais ne pourrait lui-même être un langage si, du sein même de cette exemption, il ne se référait pas à ce monde et ne le configurait pas comme langage en s'en faisant la *mimesis* authentique. De la même façon, l'absurdité du monde abandonné par Dieu est, non pas l'objet de la dramaturgie de Beckett, mais la forme même à travers laquelle elle se constitue comme œuvre. Si l'œuvre de Beckett se limitait à représenter le non sens, elle le reproduirait « de manière opiniâtrement positive », alors qu'elle ne peut en montrer authentiquement la vérité qu'en le niant de façon déterminée : c'est-à-dire en se niant elle-même comme position de sens exemplaire et en présentant son sens paradoxal, mais véridique, sous le seul aspect de cette négation déterminée.

> Les œuvres d'art, même contre leur propre gré, acquièrent un sens cohérent dans la mesure où elles nient le sens. Tandis que la crise du sens s'enracine dans une problématique commune à tout art : son échec devant la rationalité, la réflexion est incapable d'éluder la question de savoir si l'art, par la destruction du sens [...] se jette dans les bras de la conscience réifiée, autrement dit du positivisme. Mais le seuil entre un art authentique, qui prend à charge la crise du sens, et un art prêt à la résignation, consistant en des sentences protocolaires, au sens littéral et figuré du terme, c'est que, dans les œuvres importantes, la négation du sens *prend forme*

> comme élément négatif, tandis que dans les autres, elle se reflète en une positivité bornée [1].

Le second point qu'il faut souligner est que l'idée chère à Adorno d'un art « qui s'aventure dans l'inconnu » contient un potentiel utopique et libérateur. Non seulement l'œuvre veille à creuser un élément de fracture dans l'existant, en l'arrachant à l'uniformisation subreptice que l'industrie culturelle projette en lui, mais elle est encore capable de suggérer des alternatives possibles à l'existant, en les configurant dans les formes d'une rationalité, non pas logique et réelle, mais sensible et maintenue dans l'ordre de l'apparaître. Dans ce mouvement qui superpose à l'opposition polaire entre « autonomie » et « fait social » une seconde opposition entre un pôle mimétique (l'œuvre comme *mimesis* de l'existant dans la modalité négative que nous avons indiquée) et un pôle utopique programmatique (l'œuvre comme libération d'un potentiel émancipatoire), il arrive nécessairement que l'œuvre d'art rencontre la philosophie. L'apport éthique de l'œuvre doit renoncer à la naïveté de toute tentative d'autodéfinition. Tout en conservant sa clôture et son herméticité, elle doit en même temps s'en exproprier en défiant la pensée au sens strict – la philosophie, la critique – de prendre en charge ce qu'elle-même ne saurait expliciter, sous peine de galvauder la radicalité de sa négativité intrinsèque. Il faut signaler que, dans cette interprétation extrémiste du « donner à penser » de Kant, la position d'Adorno, bien que partant de présupposés philosophiques inconciliables, se rapproche de celle de Heidegger sur le dialogue de la poésie et de la philosophie, et, au moins en partie, de celle de Garroni.

1. *Ibid.*, p. 217. C'est P. Montani qui souligne.

Soulignons un dernier point. En se constituant comme négation déterminée, l'art ne saurait en aucune manière acquérir ni un statut définitif ni la certitude de survivre. « Ainsi le pur concept d'art, écrit Adorno, ne constituerait pas la sphère d'un domaine assuré une fois pour toutes, mais ne s'élaborerait à chaque fois que dans un équilibre momentané et fragile[1] ». Du coup, « toute œuvre d'art est un moment [...], une stabilisation momentanée du processus tel qu'il se manifeste au regard attentif ».

Adorno fait jouer ici deux arguments. Le premier : que l'art en tant que négation déterminée est un processus dialectique qui engage l'autre que soi – « [l'art] manque son autonomie sans ce qui lui est hétérogène[2] ». L'œuvre devra donc faire apparaître de manière authentique la processualité de l'existant dans le même temps qu'elle s'en excepte en se renfermant en elle-même et en interrompant le cours des choses et leur paisible transmission (ici, un écho évident de la pensée de Benjamin).

Le second argument est que la destitution de l'art et la fragilisation de son territoire impliquent que n'existe plus quelque chose comme l'art en général. Seule existe ou *peut* exister une succession d'œuvres singulières. Chacune d'elles doit repartir *ex novo* et reprendre à nouveaux frais le devoir formel de la négation déterminée, c'est-à-dire introduire dans l'existant de nouveaux éléments de différence, de nouveaux « états d'exception ».

Adorno ne voit aucune connexion particulière entre cette essence plurielle et disséminée des œuvres d'art et la question de la technique en tant que celle-ci prête main forte à un traitement particulier des processus d'individuation; et il

1. Theodor W. Adorno, *Théorie esthétique*, *op. cit.*, p. 22.

2. *Ibid.*

ne voit pas cette connexion, parce que sa conception de la technique reste essentiellement instrumentale et plutôt marginalisée, comme s'il s'agissait d'un élément parmi d'autres de la société structurée par les rapports de production capitalistes. Du coup, et ce n'est pas rien, la *Théorie esthétique* reste étrangère, voire hostile aux possibilités offertes par les arts nés des progrès techniques, comme le cinéma, c'est-à-dire aux formes très partiellement ou nullement « esthétiques » auxquelles – c'est ma conviction – incombe le devoir historique épocal de prendre en charge et de réorganiser le jeu qui fut celui du grand art[1].

Nous devons conclure de tout ceci que cette catégorie d'objets que j'ai nommés résistants ou antagonistes se trouve elle aussi impliquée dans le déclin de l'exemplarité de l'art (entendu au sens esthétique moderne) : comment pourrait-on « nier » une condition que l'on ne reconnaît pas ? On pourrait m'objecter que j'adresse abusivement à l'art une critique qu'on ne peut légitimement adresser qu'à la grande insensibilité théorique dont Adorno fait preuve à l'égard de la technique. Mais une telle objection perd beaucoup de sa pertinence, si l'on prend en compte la thèse adornienne selon laquelle il existe entre l'œuvre d'art et la pensée philosophique qu'elle provoque un rapport de réciprocité qui n'est rien moins qu'accidentel. En réalité, comme je l'ai déjà suggéré, la théorie d'Adorno est la dernière grande réflexion esthétique de la modernité, un formidable outil de précision pour comprendre l'art qui, de Baudelaire à Beckett, a su donner forme à la déshumanisation et à l'absurdité d'un monde dans lequel avait été possible l'horreur des camps d'extermination. Mais après Auschwitz

1. On ne peut non plus passer sous silence le fait qu'Adorno voyait dans l'importance que Benjamin attribue au phénomène de la productibilité technique une simple trouvaille journalistique.

– c'est Adorno qui parle – « écrire un poème est barbare »[1] et « l'art qui s'aventure dans l'inconnu » aperçoit peut-être déjà que ce « rien » à quoi il doit donner forme ouvre sur ce territoire où la technique et le biopouvoir sont en train de redessiner – et plus encore d'anesthésier – les signes particuliers de l'humain. En définitive, si la fonction de l'art dans le sens esthétique moderne est désormais épuisée, d'autres objets, d'autres innovations, d'autres figures de sensibilité « charnelle » esquissent déjà dans l'espace qui fut le sien les linéaments d'une *éthique de la forme* capable de contredire de l'intérieur au programme anesthésique du dispositif technique global.

pour une éthique de la forme

Je conclurai en indiquant deux perspectives qui me paraissent mériter une enquête plus poussée – ne serait-ce qu'au regard de leurs intersections réciproques – et auxquelles je donnerai la forme de deux slogans. Le premier : « articuler et élaborer la différence » ; le second : « régénérer et promouvoir le hors-champ de l'image ».

La premier programme unit l'é-ducation de la sensibilité à l'articulation des différences. Ce n'est qu'une déclinaison nouvelle du concept d'autonomie, mais elle est décisive : comme j'ai déjà eu l'occasion de le préciser en reprenant un concept kantien, cette « autonomie » doit être comprise bien plutôt au sens actif qu'au sens spatial et distributif, c'est-à-dire, à la lettre, comme « capacité de se donner sa propre règle ». C'est ce qu'il arrive de façon exemplaire dans les processus d'individuation qui font suite à l'événement toujours singulier de la naissance au sens arendtien. Toute la

1. *Cf.* P. Montani, *L'estetica contemporanea*, *op. cit.*, p. 11-34.

conceptualité que le dispositif anesthésique du biopouvoir décharge sur le phénomène de la délégation (comme garantie et sinécure) peut être renversée en termes d'élaboration (comme antonyme exact de la délégation). Une éthique de la forme est donc tenue de recouvrer et de valoriser la dimension élaborative de la vie dans son rapport avec les processus d'individuation auxquels la technique ouvre un champ d'expérimentation encore largement inexploré.

Mais quel rôle reviendrait à l'art – au sens de *techne*[1] – dans les processus d'individuation et d'élaboration? Je crois que la grande complexité de tels processus et le fait qu'ils ne sauraient être programmés ouvrent maintes perspectives essentielles sur les *dynamiques interactives* mises en jeu par les objets techniques et par l'expérience de toute sensibilité investie dans des prothèses – expériences « charnelles » plutôt que somatiques. J'en donnerai un exemple, emprunté à l'univers de l'image électronique.

Un rapide coup d'œil sur les théories de l'image électronique les plus fiables et les plus autorisées conduit à la conclusion que ses caractéristiques essentielles, voire exclusives sont au nombre de deux : *a*) le caractère immersif (*vs* représentatif ou symbolique) de l'image, qui tend à se présenter comme un véritable « environnement » et à instruire dans ce sens l'expérience qu'on doit faire d'elle; *b*) la performance interactive (*vs* contemplative ou réflexive) nécessaire à la phénoménalisation de l'image. Il s'agit de toute évidence de conditions qui posent des problèmes extrêmement complexes dont je me limiterai à éclairer les aspects susceptibles d'instaurer un dialogue enrichissant avec le paradigme vertovien. J'en tirerai un modèle interprétatif assez déterminé pour permettre de s'orienter de façon critique au sein de la production, envahissante et

1. *Cf.* la conclusion de mon étude sur le *Kinoglaz* de Vertov.

indifférenciée, des images électroniques – dont j'ai déjà mis en évidence les différents aspects par lesquelles elles collaborent avec le dispositif anesthésique du biopouvoir jusqu'à le déterminer.

Les deux caractéristiques retenues donnent lieu à quelques équivoques persistantes et, à mon sens, calamiteuses. La première concerne le caractère entièrement simulacral de l'environnement immersif que l'image électronique substitue au statut représentatif ou symbolique de la *mimesis* traditionnelle. On entend dire très souvent qu'au contraire de l'image représentative ou symbolique, ce type d'image ne se découpe pas sur un hors-champ, mais constitue un univers (le « virtuel ») qu'on tend à ne plus distinguer du monde réel. La seconde équivoque concerne le caractère obligatoire de la performance interactive nécessaire à la mise en présence de l'image comme telle. On répète à qui veut l'entendre que cette interactivité serait absolument spécifique et ne souffrirait aucune comparaison avec les processus de coopération interprétative mis en jeu dans le fonctionnement de n'importe quel texte.

Ma thèse est que ces deux éléments de controverse (dont je proposerai sous peu une synthèse critique) peuvent et doivent être mis en relation grâce au paradigme vertovien, et qu'on pourrait tirer de leur corrélation quelques indications très utiles à l'interprétation – et peut-être à la conception – d'images électroniques susceptibles de satisfaire aux deux conditions programmatiques d'une *éthique de la forme*.

En quel sens ai-je parlé d'équivoque ? Je commencerai par la question de l'interactivité. Dans le cours de ma discussion se fera jour, avec toute la force qu'il mérite, le problème de l'autonomie simulacrale (et, de façon complémentaire, celui du hors-champ spécifique) des images électroniques.

Pour constituer l'interactivité électronique en un champ d'expérimentations autonome, la première chose à faire est de la distinguer du concept de coopération interprétative – défini en son temps avec la plus grande clarté par Umberto Eco dans une perspective sémiotique[1] – selon lequel n'importe quel texte doit être actualisé par l'intervention active d'un interprète. De leur côté, des auteurs tels que Gadamer, Iser ou Jauss[2] ont mis l'accent sur les aspects constitutivement dialogiques – c'est-à-dire interactifs dans le plein sens du terme – de la coopération requise par le processus d'actualisation des textes. Si nous nous limitions à concevoir l'interactivité électronique comme une extension (somatique, par exemple) et une intensification (sensorielle, par exemple) de la coopération interprétative, nous ne pourrions ni découvrir la spécificité ni aller au-delà d'un registre rudimentaire du rapport dialogique entre le texte et son interprète (et nous savons que, dans l'écrasante majorité des cas, les installations multimédiales interactives ne dépassent pas ce niveau).

Il semble possible d'identifier un élément plus spécifique si l'on aborde l'interactivité à la lumière du concept herméneutique d'*applicatio*. L'*applicatio*, comme on le sait, est une des figures centrales de la théorie de l'expérience herméneutique développée par Gadamer[3] dans l'intention de soustraire le concept d'interprétation à toute définition purement réflexive. L'interprétation y est conçue, non plus comme une performance subjective de la conscience, dépourvue de tout effet pragmatique, mais comme un *processus explicitement productif*.

1. *Cf.* U. Eco, *Lector in fabula*, trad. fr. M. Bouzaher, Paris, Grasset, 1985.

2. H.-G. Gadamer, *Vérité et méthode. Les grandes lignes d'une herméneutique philosophique*, trad. fr. P. Fruchon *et al.*, Paris, Seuil, 1996; W. Iser, *L'Acte de lecture*, trad. fr. E. Sznycer, Sprimont, Pierre Mardaga Éditeur, 1997; H. R. Jauss, *Pour une herméneutique littéraire*, trad. fr. M. Jacob, Paris, Gallimard, 1988.

3. H.-G. Gadamer, *Vérité et méthode*, *op. cit.*

Interpréter un texte, en d'autres termes, équivaut à en produire un nouveau. Le concept d'*applicatio* a donc le mérite de manifester l'effectivité de l'acte interprétatif, son incidence concrète comme action ayant pour « effet » (*Wirkung*) l'articulation et l'extension – ou encore la modification – du monde de l'expérience au sens large. Grâce au concept d'*applicatio*, nous réussissons à reconnaître dans l'interaction interprétative un acte qui, en modifiant celui qui l'accomplit, modifie aussi le monde de l'agir et du pâtir en y relevant ou en y introduisant de nouvelles articulations. C'est à un processus herméneutique analogue que se réfère Ricœur[1] quand, dans sa réflexion sur le récit, il parle de la « refiguration » de l'expérience du temps qu'accomplit et dans laquelle s'accomplit la lecture des textes narratifs. Mais configurer l'expérience temporelle ne signifie pas autre chose que découvrir de nouvelles différences et de nouvelles articulations au sein de notre compréhension quotidienne du temps (dans cette « intra-temporalité » que Heidegger condamnait comme inauthentique, parce qu'il la jugeait irrémédiablement uniforme et nivelée).

Si nous examinons l'interactivité électronique à la lumière du concept d'*applicatio* (ou de refiguration), nous pouvons esquisser une gradation de niveaux qui nous portera à la thèse que j'entends avancer et que je livre ici de façon synthétique pour y revenir en conclusion de cet essai. L'interactivité électronique ne commence à montrer des caractères spécifiques, absolument distincts des formes traditionnelles de la coopération interprétative qu'à partir du moment où elle parvient à produire dans l'image un mouvement applicatif capable de l'*exproprier* et de la pousser hors des conditions de l'autonomie simulacrale. On pourrait dire encore que l'interactivité ne

1. *Cf.* P. Ricœur, *Temps et récit*, Paris, Points-Seuil, tomes 1, 2 et 3, 1991.

devient significative qu'à partir du moment où elle commence à faire apparaître le *hors-champ spécifique* de l'image électronique. En d'autres termes, l'image électronique elle aussi se découpe sur un arrière-plan non réductible, avec la différence que cet arrière-plan ne va pas de soi et doit être élaboré et différencié par un acte interactif (c'est-à-dire applicatif), bien plutôt que reconnu par un acte cognitif.

cinq types d'interactivité

Je propose de distinguer cinq niveaux d'interactivité.

Au niveau le plus bas se situe l'interactivité purement *protocolaire*, qui va de l'apprentissage des opérations élémentaires nécessaires pour obtenir des informations (par exemple, de notre ordinateur connecté au réseau internet) jusqu'aux compétences techniques plus raffinées. À ce niveau, la coopération est entièrement gérée par le programme et aucune des conditions de l'*applicatio* ne sont présentes. Seules comptent l'habileté et la rapidité. Chacun de nous a eu recours à un technicien de confiance, la plupart du temps un ami, capable d'interagir plus rapidement et plus efficacement que lui avec la machine, par exemple lorsqu'il s'agit d'installer de nouveaux programmes ou de nouvelles applications.

Au deuxième niveau se déploie le vaste univers de l'interactivité de type ludique, du jeu vidéo et de la pratique du *hacking* jusqu'à l'échange d'expériences privées (comme sur les *chat lines* ou sur *You Tube*). On voit aisément que la coopération trouve ici les conditions favorables à l'élaboration de produits textuels originaux, voire à la perturbation des règles du programme, comme dans le cas des incursions des *hackers*. Mais les conséquences applicatives, quand elles existent, se limitent à un bénéfice hédoniste puéril (avoir forcé un système protégé pour y semer la confusion) ou à un gain voyeuriste rudimentaire, comme dans le cas typique du partage de matériel pornographique, dont l'évidente finalité auto-érotique ratifie sous forme palmaire[1] l'univers clos dans lequel se meut ce type d'images électroniques en même temps que la coercition angoissante dont on reste prisonnier (comme dans les cas désormais bien attestés de véritable dépendance). En d'autres termes, le champ de l'image se déploie et se différencie dans la stricte mesure où son hors-champ s'atrophie et se replie sur lui-même. Dans les épisodes les plus superficiels et les plus bruts, comme je l'ai déjà observé, ce champ devient le lieu d'une véritable *dé-laboration*.

Pour commencer à sortir de l'autoréférentialité de l'image électronique, il est nécessaire d'accéder au niveau suivant, celui de l'interactivité didactique mise au point par les encyclopédies multimédiales et par les différents types de CD thématiques. La coopération interprétative prend ici une ampleur tout à fait comparable à l'ampleur requise pour la lecture des textes écrits, avec une importante différence qualitative. On connaît la polémique qui oppose depuis quelque temps les adeptes enthousiastes de cette forme d'apprentissage à ses critiques les plus féroces. Je n'entrerai pas dans le fond du débat, mais ferai miennes les thèses énoncées à maintes reprises par un linguiste et épistémologue comme Antinucci, qui jouit d'une expérience directe dans le champ de l'image de synthèse. Celui-ci distingue deux modalités de comportement cognitif – l'une « symbolique et reconstructive » (c'est-à-dire liée à l'écriture) ; l'autre « perceptive-motrice » (c'est-à-dire liée aux actes opérationnels et à l'apprentissage par l'habileté)

1. En italien : « *in modo palmare* ». L'auteur joue sur le double sens – et le double emploi – de la « paume », dont l'adjectif est dérivé : unité de mesure des ordinateurs dits *palmaires* (*palmtops*) et partie de la main mise en jeu dans les actes de « manualisation » auto-érotiques (*Note du traducteur*).

– et soutient qu'aujourd'hui, pour la première fois, grâce aux nouvelles technologies et à leur mode d'accès (par exemple, internet ou les CD interactifs), la seconde modalité peut se libérer des limites qui lui sont propres (obligation de la présence réelle et de la conduite du maître) pour s'étendre à des domaines jusque là réservés aux opérations symbolico-reconstructives. Si Antinucci a raison, comme je le crois, l'horizon applicatif de l'interactivité coïncide ici point par point avec l'horizon supérieur de la coopération interprétative. Il ne donne pourtant pas lieu à des phénomènes de caractère spécifique. Au contraire, sous un certain aspect, il est encore moins spécifique que l'interactivité de type ludique, dans la mesure où il ne prévoit ni ne promeut l'émergence d'aucune production originale.

Au quatrième niveau, on entre dans le champ de l'interactivité électronique au sens propre. Et ce n'est nullement un hasard si l'on y entre par la voie royale de l'*expérimentation artistique* : celle des installations multimédiales interactives. Pourtant, quoique résolument « expérimentale », c'est-à-dire orientée vers l'innovation et la découverte, cette forme d'interactivité est prisonnière des limites établies par une tendance conservatrice aussi symptomatique qu'inapparente. Je veux dire par là que ce type d'expérimentation ne parvient vraiment à expérimenter qu'à condition de se mouvoir à l'intérieur des règles de l'univers électronique, afin d'en montrer la souplesse et les potentialités, avec ce mouvement typique qui consiste à replacer la technique sous la tutelle de l'art (dans le sens esthétique moderne), s'interdisant le mouvement inverse, dont les multiples inconnues – sur lesquelles je reviendrai dans ma description du dernier niveau – la font reculer et s'agripper à des positions que j'ai qualifiées de conservatrices.

Le trait caractéristique de ce type d'interactivité – un trait remarquable et assez peu étudié – consiste en cela que l'intervention du spectateur est applicative avant même de se découvrir interprétative, dans la mesure où il est impossible de faire fonctionner l'hypertexte sans une prise en charge préliminaire des paramètres constitutifs de l'image. Comme s'il s'agissait de parler une langue pour en apprendre les règles. En quoi les expériences de ce type, aussi remarquables soient-elles, peuvent-elle être taxées de conservatisme ? La réponse est simple et sans appel : les interventions interactives ne laissent aucune trace irréversible dans l'hypertexte, lequel donne l'impression de vouloir évoluer – comme l'hypertexte vertovien ou l'individu technique de Simondon, mais aussi, en fin de compte, comme n'importe quel langage –, mais reste l'immuable réplique de soi-même et continue d'exister comme « œuvre » ou comme monument. L'interactivité, potentiellement individuante, régresse ainsi au stade *auratique* caractéristique de la pratique des avant-gardes historiques et du modernisme qui en est l'héritier : qu'on pense au cas exemplaire des œuvres énigmatiques de Duchamp (comme le *Grand verre*) qui restent énigmatiques tant que le travail interprétatif n'a pas produit l'esquisse hypothétique d'une régularité sous-jacente ou d'un véritable langage (c'est cette perspective – aussi remarquable que conservatrice – qu'adopte la lecture pourtant lumineuse que Rosalind Krauss propose d'un grand nombre des meilleures œuvres contemporaines, comme autant d'exemples d'un travail de « réinvention » du médium à partir de l'obsolescence de son rôle : le cas exemplaire étant la photographie).

Nous arrivons ainsi à notre cinquième niveau – le moins exploré jusqu'à aujourd'hui. C'est le niveau dans lequel le hors-champ de l'image électronique ne se trouve pas seulement évoqué, mais littéralement engendré et, plus encore, régénéré en vertu du fait que l'intervention interactive parvient à modifier la matrice du programme, exposant l'hypertexte à un destin de transformation radicale qui l'altère au point de le transformer en *autre chose*. Avant d'éclairer cette proposition, je ferai trois observations. La première est que le dispositif que je viens de décrire ne fait rien d'autre que porter jusqu'à ses limites extrêmes le concept d'*applicatio*. La deuxième est que le *Kinoglaz* de Vertov répond pleinement aux exigences de ce type d'interactivité, ce qui confirme et éclaire encore mieux à quel point il se dissocie des catégories de l'esthétique au sens moderne (qui restent au contraire tout à fait déterminantes pour l'interactivité du quatrième niveau). La dernière observation est que les objets de ce type existent depuis très longtemps : il s'agit précisément des « objets techniques », dans le sens défini par le texte de Simondon que j'ai étudié.

Si l'extension de la thèse de Simondon à l'image électronique nous paraît intempestive, c'est que nous sommes encore fortement dépendants d'une conception acritique de l'idée d'identité et de permanence des images. En réalité, les images évoluent du point de vue applicatif, c'est-à-dire qu'elles reconstituent en permanence les signes particuliers de leur hors-champ. Il n'est pas d'image qui ne porte la trace obvie de ce processus évolutif. Il suffit de penser au travail accompli par Warburg[1] sur la « vie posthume » (*Nachleben*) des images. Ce qui s'annonce dans l'image électronique introduit un véritable saut qualitatif dans cette propriété évolutive en consentant à celle-ci de se « concrétiser », dans le sens très particulier que

1. Aby Warburg, *Essais florentins*, trad. fr. S. Müller, Paris, Klincksieck, 2003; « *La Naissance de Vénus » et « Le Printemps » de Sandro Botticelli : étude des représentations de l'Antiquité dans la première Renaissance italienne*, trad. fr. L. Cahen Maurel, Paris, Allia, 2007.

Simondon donne à ce terme. On comprend finalement assez bien que cette interprétation radicale de l'interactivité rencontre des résistances dues au fait que, dans ces conditions, l'objet artistique original naît dans la perspective de devoir renoncer aussi rapidement qu'irrémédiablement à son identité matérielle de départ, tout à fait comme dans le *Kinoglaz* de Vertov. Il s'agit pourtant d'un renoncement indispensable pour que l'image puisse jouir d'un « mode d'existence » comparable non seulement à l'hypertexte vertovien, mais encore aux processus d'individuation que j'ai rappelés plus haut dans mon analyse du concept d'« autonomie ». Si l'interaction ne s'épuisait pas dans la seule exécution des protocoles fixés par un programme – et donc améliorables par principe, quel que soit leur degré de complexité –, on pourrait accéder à un type d'expérimentation ouverte à toute espèce d'imprévu et à toutes les aventures de l'autorégulation, c'est-à-dire à une interaction fortement élaborative, non seulement entre l'objet et l'utilisateur, mais entre l'objet, l'utilisateur et l'environnement, comme il arrive dans le domaine de notre interaction avec les « objets techniques » au sens strict, laquelle donne lieu aux formes de la vie technique mises en lumière par Simondon et aux comportements responsables que l'homme est tenu d'y adopter.

J'ai déjà suggéré que l'image électronique (ainsi que notre façon d'en comprendre les opportunités les plus authentiques et les plus innovantes) doit renoncer à se servir des catégories de l'esthétique au sens moderne, à moins de les reproposer dans un but différent (comme dans le cas de l'autonomie abordé plus haut). Nous pouvons ajouter qu'un tel renoncement doit s'étendre au deux catégories de l'immersibilité entendue dans le sens d'une complète autonomie simulacrale et de l'interactivité entendue dans le sens d'un exercice combinatoire qui, aussi créatif soit-il, laisse inchangée l'identité matérielle de l'environnement-image, quand bien même celui-ci jouirait du statut prestigieux d'une œuvre d'art et de ses qualités spécifiques de dynamisme, de polysémie et de complexité. Seules survivent à cet ensemble de renoncements les formes authentiquement innovantes d'expérimentation de ce nouveau mode d'existence des images – ces formes inédites qui témoignent de la capacité des images à entrer en relation avec un hors-champ entendu comme la condition *sine qua non* de leur individuation. Du reste, nous sommes tous immergés depuis bien longtemps dans cette nouvelle « forme de vie » des images ; et il semble légitime d'attendre des artistes (s'il est encore permis d'utiliser ce mot) qu'ils nous ouvrent les yeux et nous entraînent à les *voir pour de vrai*, non pas dans un rôle de producteurs d'images, mais dans un rôle de « témoins » privilégiés de leurs rapports et conflits réciproques.

intermédialité et force testimoniale des images

La réflexion sur l'interactivité et sur l'élaboration individuante contenues en puissance dans les dispositifs des images électroniques nous conduit, de façon tout à fait cohérente, à notre seconde perspective. Celle-ci met l'accent sur le hors-champ en tant qu'horizon des événements non programmables de la contingence et trace d'une altérité effectivement irréductible. À la réflexion heideggérienne sur l'art revient le mérite d'avoir valorisé cet aspect sous le nom de « terre » : élément *non maîtrisable* que l'œuvre fait remonter à la surface comme tel. Il serait pourtant nécessaire de repenser le statut du hors-champ – dans une « perspective terrestre » des arts non esthétiques que Heidegger a indiqué sans la développer le moins du monde – à partir des techniques que les processus de globalisation (dans le sens d'un annexion et d'une canalisation de la sensibilité) mettent en jeu afin de réduire ou d'éliminer toute extériorité, et de s'immuniser contre toute diversité. C'est dans ce sens que s'oriente, pour donner l'exemple le plus représentatif et le plus riche de potentialités encore largement inexplorées, le vaste travail de *déconstruction et de requalification de l'image produite par la technologie* auquel se sont déjà attelés depuis longtemps les cinéastes les plus lucides. À commencer par le travail paradigmatique de Jean-Luc Godard. Avec le grand montage de ses *Histoire(s) du cinéma* [1], ce cinéaste qui ne fut pas par hasard le fondateur du « groupe Dziga Vertov » nous a confié un formidable *laboratoire intermédial* (il s'agit à la fois d'une œuvre cinématographique à plusieurs niveaux et d'un livre) dans lequel le hors-champ fait constamment allusion à sa version la plus radicale et la plus réticente à se laisser saisir dans des images : le camp d'extermination. En face de celui-ci – et de ses obscures métamorphoses contemporaines [2] – l'image cinématographique, justement parce qu'elle ne saurait le représenter de façon adéquate [3], est tenue de retrouver ou de réinventer sa capacité à voir et à attester de ce qu'elle a vu – tenue, en d'autres termes, à *porter témoignage*. Parmi les nombreux thèmes sur lesquels insiste le texte intermédial de Godard, la dénonciation d'une défaillance historique de l'image cinématographique – le *devoir* (inaccompli) de témoigner sur les camps – joue un rôle capital. Cette défaillance se change paradoxalement en une entrave infrangible : seul le cinéma, qui n'a pas su le faire de manière adéquate, peut et doit continuer à *faire travailler* cette inadéquation sans jamais en abandonner la mémoire. L'originalité décisive des *Histoire(s) du cinéma* est que Godard ne s'y comporte jamais

1. J.-L. Godard, *Histoire(s) du cinéma*, Paris, Gallimard-Gaumont, 1998.
2. *Cf.* l'avertissement d'Agamben dans *Homo sacer*.
3. *Cf.* P. Montani, *Arte e verità dall'antichità alla filosofia contemporanea*, *op. cit.*; G. Didi-Hubermann, *Images malgré tout*, Paris, Minuit, 2003.

en « producteur » et confie le devoir de mémoire et de témoignage (possible et même impossible) à la relation et au conflit des images (audiovisuelles au sens large) *entre elles*.

L'expérience de Godard est paradigmatique dans la mesure où c'est à une revigoration intermédiale de l'image et à une régénération de sa force testimoniale (son *devoir* de « faire histoire ») qu'une éthique de la forme doit consacrer son effort créatif le plus intense, renouant à nouveaux frais (c'est-à-dire en dehors de l'art traditionnel) le nœud entre éthique et esthétique. Je voudrais montrer pour conclure que cette nouvelle alliance ne pourra trouver de terrain solide que dans une compréhension « charnelle » du sensible capable de reprendre pour les développer le patrimoine des idées que j'ai attribuées au projet vertovien, à commencer par l'insistance sur le dédoublement constitutif de l'image – sa différence et sa solution de continuité interne – et par l'idée que la force testimoniale de l'image (sa « vérité ») n'est que la résultante de la relation entre les images et de la réversibilité à double sens de l'acte de voir et de la chose vue.

Ce que Vertov avait clairement compris et expérimenté dans la très étroite latitude que lui consentit le régime de contrôle de la cinématographie d'État, peut être reformulé aujourd'hui en mettant en lumière et en faisant travailler la nature intermédiale de l'image cinématographique, la capacité qui est la sienne à s'ouvrir à différents régimes de représentation et à en faire dialoguer les différents statuts. Il s'agit là d'un principe constitutif dont nous avons eu l'occasion de repérer une anticipation théorique dans la belle page que Schiller consacre aux instruments adaptés à une ré-éducation de la sensibilité au jeu des différences. Un principe qu'il faut évidemment opposer à la régression anesthétique de l'image que j'ai doublement définie comme *hypomédiale* et *hypermédiale*. J'en rappelle ici le caractère éthique plutôt qu'esthétique – le témoignage est sa fin ultime – et ajoute que les formes qui résulteraient de son adoption consciente n'auraient pas nécessairement l'extraordinaire complexité des *Histoire(s)* godardiennes. Un exemple très simple nous permettra d'illustrer ce dernier point et de conclure.

Dans *ABC Africa*, premier film tourné en digital par Abbas Kiarostami, consacré aux pratiques de prévention et de prise en charge des malades du SIDA en Ouganda (une question biopolitique), le jeu de réversibilité entre la chose vue et l'acte de voir prend souvent la forme élémentaire d'un redoublement de l'acte de filmer : on voit les images, mais l'on voit aussi – selon différents dispositifs, plus ou moins accentués – le travail de celui qui filme. Tout à fait comme dans le *Kinoglaz* de Vertov, la vidéo-caméra fonctionne comme prolongement ou prothèse d'un œil qui explore avec fluidité les rues et les commerces, les gens et la vie de tous les jours, en se laissant fréquemment attirer par le hasard imprévisible des rencontres et la contingence des événements (« la vie saisie sur le fait », disait Vertov). Cet œil prothétique s'ouvre à une conduite aléatoire dont il sollicite les écarts et à laquelle il n'oppose aucune résistance, tout en conservant toujours la réserve pudique d'une distance signalée par toute une gamme d'inventions formelles. S'il est vrai que cet œil reste *à l'écart* du monde qu'il enregistre, il est tout aussi vrai qu'il ne l'est pas *jusqu'au bout*, parce que son hors-champ est là, au beau milieu de la vie (et de la mort) du tiers-monde, mais qu'il est aussi ailleurs, dans tout ce que l'image porte en elle comme son envers invisible et pourtant présent : l'Occident riche et industrialisé auquel s'adresse le film (la première séquence le dit clairement : on y lit un fax envoyé au réalisateur) et dont Kiarostami, bien qu'étranger à son tour, demeure (et le sait) un représentant. Cela signifie qu'entre l'œil de celui qui filme et le regard (beaucoup de « regards caméra ») de celui qui est filmé s'instaure une réversibilité au sein de laquelle ne peut avoir lieu aucune réciprocité véritable, parce que derrière ces deux regards se découpent deux hors-champs incompatibles et, pour une grande part, non communicants.

Une des séquences du film est en ce sens particulièrement significative. Alors qu'il arpente un camp d'hospitalisation, Kiarostami passe devant une chambre à l'intérieur de laquelle quelqu'un est en train d'emmitoufler dans du carton, en se livrant à des rites funéraires passionnés et maladroits, un petit cadavre à emporter. On sent que la caméra n'a pas eu le temps d'éviter cette rencontre, mais on sent aussi que Kiarostami s'est trouvé confronté au choix de la filmer ou non, d'en témoigner ou non. Le réalisateur, qui choisit de montrer cette scène de funérailles, décide d'être filmé lui-même dans l'acte de filmer par un autre chef opérateur. Au moment où un homme (le père?) attache la petite dépouille sur le porte-bagage d'une bicyclette en piteux état et la transporte hors de l'enceinte du camp, le cadre s'élargit peu à peu jusqu'à intégrer la silhouette de Kiarostami en train de filmer la scène. Nous voyons ainsi que le réalisateur fait partie intégrante de l'événement qu'il filme, mais nous n'avons pas accès aux images que sa propre vidéo-caméra est en train de filmer, comme si son œil mécanique, que nous voyons en action, pouvait seulement y figurer comme l'objet d'une autre vision, qui l'intègre dans l'événement filmé sans réussir à l'intégrer *jusqu'au bout* ni donc à créer une pleine réciprocité de regards. Cette manipulation minimale – simple incision d'une césure, comme un œil blessé ou aveuglé, dans la chair (elle-même déjà ouverte) du visible – trahit le plus sobrement et le plus efficacement possible, la manière dont un dispositif technique peut se charger d'une responsabilité morale précise et d'un type de témoignage capable tout à la fois de présenter les faits sans aucune espèce d'anesthétisation et, en s'y mettant soi-même en jeu, d'en préserver et protéger l'altérité, la dignité et la douleur.

Les *Histoire(s) du cinéma* de Godard déploient la partition polyphonique d'une intermédialité et d'un dialogue à plusieurs niveaux à l'intérieur desquels l'image cinématographique peut puiser les forces nécessaires à son devoir de témoignage. De cette puissante partition, le rite funèbre humble et maladroit d'*ABC Africa* fait résonner la cellule mélodique élémentaire, et élémentaire *justement en tant que double*. Dans la dispersion lointaine de sa rumeur retenue, tout à la fois une et duelle, ce livre a trouvé le ton sur lequel prendre congé.

références bibliographiques

ADORNO Theodor W., *Théorie esthétique*, trad. fr. M. Jimenez, Paris, Klincksieck, 2011.

– *Notes sur la littérature*, trad. fr. S. Muller, Paris, Flammarion, « Champs Flammarion Sciences », 1999.

AGAMBEN Giorgio, *Homo sacer*, trad. fr. M. Raiola, Paris, Seuil, « L'Ordre philosophique », 1998.

– *L'État d'exception*, trad. fr. J. Gayraud, Seuil, « L'Ordre philosophique », 2003.

ANTINUCCI Francesco, « Il corpo della mente », in *Il corpo tecnologico*, P.L. Capucci (éd.), Baskerville, Bologna, 1994.

ARDENNE Pierre, *L'image corps. Figures de l'humain dans l'art du XX siècle*, Paris, Éditions du regard, 2001.

ARDOVINO Adriano, *Il sensibile e il razionale. Schiller e la mediazione estetica*, Palermo, Aesthetica Preprint, 2001.

ARENDT Hannah, *Condition de l'homme moderne*, trad. fr. G. Fradier, Paris, Calmann-Lévy, « Pocket Agora », 2001.

– *Lectures on Kant's Political Philosophy*, éd. R. Beiner, Chicago, University of Chicago Press, 1982.

BAUDRILLARD Jean, *Le Crime parfait*, Paris, Galilée, 1995.

BAZZICALUPO Laura, Roberto ESPOSITO (éd.), *Politica della vita*, Roma-Bari, Laterza, 2003.

BENJAMIN Walter, « L'Œuvre d'art à l'époque de sa reproductibilité technique (dernière version) », *Œuvres III*, Paris, Gallimard, « Folio Essais », 2000.

BORUTTI Silvana, *Filosofia dei sensi*, Milano, Cortina, 2006.

CARBONE Mauro, *L'evento dell'11 settembre 2001*, Milano, Mimesis, 2005.

CARBONE Mauro, David Michael LEVIN, *La carne e la voce. In dialogo tra estetica ed etica*, Milano, Mimesis, 2003.

CARBONI Massimo, Pietro MONTANI, *Lo stato dell'arte. L'esperienza estetica nell'era della tecnica*, Roma-Bari, Laterza, 2005.

CARMAGNOLA Fulvio, *Il consumo delle immagini*, Milano, Mondadori, 2006.

CASETTI Francesco, *L'occhio del Novecento*, Milano, Bompiani, 2005.

CATUCCI Stefano, *Introduzione a Foucault*, Roma-Bari, Laterza, 2005.

CUTRO A. (éd.), *Biopolitica. Storia e attualità di un concetto*, Verona, Ombre corte, 2005.

D'ANGELO Paolo, *Estetismo*, Bologna, Il Mulino, 2003.

DE CAROLIS Massimo, *La vita nell'epoca della sua riproducibilità tecnica*, Torino, Bollati Boringhieri, 2004.

DERRIDA Jacques, *La Grammatologie*, Paris, Éditions de Minuit, « Critique », 1967.

– *L'Écriture et la différence*, Paris, Seuil, « Points Essais », 1979.

DIDI-HUBERMAN Georges, *Images malgré tout*, Paris, Minuit, « Paradoxe », 2003.

DIODATO Roberto, *Esthétique du virtuel*, Paris, Vrin, « Matière étrangère », 2011.

DUBOIS Philippe, *Esthétique des Arts médiatiques*, Québec, Presse de l'Université de Québec, 1995.

DUGUET Anne-Marie, *Déjouer l'image*, Nîmes, J. Chambon, 2002.

ECO Umberto, *Lector in fabula*, trad. fr. M. Bouzaher, Paris, Grasset, « Figures », 1985.

ESPOSITO Roberto, *Communitas. Origine e destino della communità*, Torino, Einaudi, 1998.

– *Immunitas. Protezione e negazione della vita*, Torino, Einaudi, 2002.

– « Biopolitica, immunità, comunità », *in* BAZZICALUPO & ESPOSITO, 2003, p. 123-134.

– *Bios. Biopolitica e filosofia*, Torino, Einaudi, 2004.

FERRARA Alessandro, « Il paradigma del giudizio e la filosofia politica contemporanea », *in* L. Bazzicalupo, R. Esposito (éd.), *Politica della vita*, Roma-Bari, Laterza, 2003, p. 88-96.

FERRARIS Maurizio, *Dove sei? Ontologia del telefonino*, Milano, Bompiani, 2005.

FOUCAULT Michel, *La Volonté de savoir*, Paris, Gallimard, « Bibliothèques des histoires », 1976.

– *Il faut défendre la société*, Paris, Gallimard/Seuil, « Hautes Études », 1997.
– *Naissance de la biopolitique*, Paris, Gallimard/Seuil, « Hautes Études », 2004.
– *Sécurité, Territoire, Population*, Paris, Gallimard/Seuil, « Hautes Études », 2004.
FRANCK Didier, *Heidegger et le problème de l'espace*, Paris, Éditions de Minuit, « Arguments », 1986.
FRANZINI Elio, « La decostruzione del gusto », in *Il gusto. Storia di un'idea estetica*, L. Russo (éd.), Palermo, Aesthetica, 2000, p. 183-200.
GADAMER Hans-Georg, *Vérité et méthode. Les grandes lignes d'une herméneutique philosophique*, trad. fr. P. Fruchon *et al.*, Paris, Seuil, « L'Ordre philosophique », 1996.
GARRONI Emilio, *Estetica ed epistemologia*, Roma, Bulzoni (réédition : Milano, Unicopli, 1998).
– *Senso e paradosso. L'estetica, filosofia non speciale*, Roma-Bari, Laterza, 1986.
– *Estetica. Uno sguardo-attraverso*, Milano, Garzanti, 1992.
– *Immagine Linguaggio Figura*, Roma-Bari, Laterza, 2005.
GAZZANO Marco Maria, *Il Cinema dalla fotografia al computer. Linguaggi, dispositivi, estetiche e storie Moderne*, Urbino, QuattroVenti, 1999.
GODARD Jean-Luc, *Histoire(s) du cinéma*, Paris, Gallimard-Gaumont, 1998.
GRAU Oliver, *Virtual Art. From Illusion to Immersion*, Cambridge-London, MITPress, 2003.
HEIDEGGER Martin, *Nietzsche*, trad. fr. P. Klossowski, Paris, Gallimard, « Bibliothèque de philosophie », tomes 1 et 2, 1971.
– *Acheminement vers la parole*, trad. fr. J. Beaufret *et al.*, Paris, Gallimard, « Tel », 1981.
– *Chemins qui ne mènent nulle part*, Paris, Gallimard, « Tel », 1986.
– *Essais et conférences*, trad. fr. A. Préau, Paris, Gallimard, « Tel », 1980.
– *Bremer und Freiburger Vorträge. Einblick in das was ist*, Klostermann, Frankfurt am Main, 1994.

HORKHEIMER Max, Theodor W. ADORNO, *La Dialectique de la raison. Fragments philosophiques*, trad. fr. É. Kaufholz, Paris, Gallimard, « Tel », 1983.

ISER Wolfgang, *L'Acte de lecture*, trad. fr. E. Sznycer, Sprimont, Pierre Mardaga Éditeur, 1997.

JAUSS Hans Robert, *Pour une herméneutique littéraire*, trad. fr. M. Jacob, Paris, Gallimard, « Bibliothèques des idées », 1988.

KANT Emmanuel, *Critique de la faculté de juger*, trad. fr. A. Delamarre *et al.*, Paris, Gallimard, « Folio Essais », 1985.

– *Critique de la raison pure*, trad. fr. A. Renaut, Paris, Flammarion, « GF », 2006.

– *Qu'est-ce que s'orienter dans la pensée?* trad. fr. A. Philonenko, Paris, Vrin, 2001.

KRAUSS Rosalind, *Reinventing the medium*, Chicago, University of Chicago Press, 1999.

– *Photography Theory*, New York, London, Routledge, 2007.

LEIBOVICI Martine, *Biopolitique et compréhension du totalitarisme*, in « *Tumultes* », n°25, Paris, Éditions Kimé, 2005, p. 23-45.

LEROI-GOURHAN André, *Le Geste et la parole*, Paris, Albin Michel, 1964.

MALDONADO Tomàs, *Reale e virtuale*, Milano, Feltrinelli, 1992.

MARRAMAO Giacomo, *Passaggio a Occidente*, Torino, Bollati Boringhieri, 2003.

MCLUHAN Marshall, *Understanding Media : The Extensions of Man*, New York, McGraw-Hill, 1964.

MERLEAU-PONTY Maurice, *Le Visible et l'invisible*, Paris, Gallimard, « Tel », 2001.

MICHAUD Yves, *L'art à l'état gazeux. Essai sur le triomphe de l'esthétique*, Paris, Hachette, 2003.

MITCHELL William John Thomas, *What Do Pictures Want?*, Chicago, University of Chicago Press, 2005.

MONTANI Pietro, *Arte e verità dall'antichità alla filosofia contemporanea*, con ARDOVINO Adriano e GUASTINI Daniele, Roma-Bari, Laterza, 2002.

– *L'estetica contemporanea. Il destino delle arti nella tarda modernità*, P. Montani (éd.), Roma, Carocci, 2004.

NIETZSCHE Friedrich, *La Naissance de la tragédie*, trad. fr. M. Haar *et al.*, Paris, Gallimard, « Folio Essais », 1992.
– *La Volonté de puissance*, trad. fr. G. Bianquis, Paris, Gallimard, « Tel », 1995.
– *Le Crépuscule des idoles*, trad. fr. J.-C. Hémery, Paris, Gallimard, « Folio Essais », 1993.
– *Fragments posthumes*, vol. XI, Automne 1884-automne 1885, éd. G. Colli et M. Montinari, Paris, Gallimard, 1982.
– *Fragments posthumes*, vol. XIV, Début 1888-début janvier 1889, éd. G. Colli et M. Montinari, Paris, Gallimard, 1977.
PERNIOLA Mario, *Estetica del Novecento*, Bologna, Il Mulino, 1997.
– *Contro la comunicazione*, Torino, Einaudi, 2004.
RICŒUR Paul, *Temps et récit*, Paris, Seuil, « Points Essais », tome 1, 2 et 3, 1991.
RIFKIN Jeremy, *L'Âge de l'accès. La nouvelle culture du capitalisme*, trad. fr. M. Saint-Upéry, Paris, La Découverte, 2005.
SCHILLER Friedrich von, *Lettres sur l'éducation esthétique de l'homme*, trad. fr. Robert Leroux, Paris, Aubier, « Bilingue », 1992.
SCHMITT Carl, *Théologie politique*, trad. fr. J.-L. Schlegel Paris, Gallimard, « Bibliothèque des sciences humaines », 1988.
SIMONDON Gilbert, *Du mode d'existence des objets techniques*, Paris, Aubier, 1958.
– *L'individuation psychique et collective à la lumière des notions de Forme, Information, Potentiel et Metastabilité*, Aubier, Paris, 1989.
SIMONE Raffaele, *La terza fase. Forme di sapere che stiamo perdendo*, Roma-Bari, Laterza, 1991.
SLOTERDIJK Peter, *Nicht gerettet. Versuche nach Heidegger*, Frankfurt am Main, Suhrkamp, 2000.
– *Sphères I. Bulles. Microsphérologie*, trad. fr. O. Mannoni, Paris, Pauvert, 2002.
SMITH Marquard, Joanne MORRA, *The Prosthetic Impulse. From a Posthuman present to a Biocultural Future*, Cambridge (MA), MITPress, 2006.
STIEGLER Bernard, *La Technique et le temps, I. La faute d'Épiméthée*, Paris, Galilée, 1994.
– *La Technique et le temps, II. La désorientation*, Paris, Galilée, 1996.

– *La Technique et le temps, III. Le temps du cinéma*, Paris, Galilée, 2001
– *De la Misère symbolique, 1. L'époque hyperindustrielle*, Paris, Galilée, 2004.
– *De la Misère symbolique, 2. La catastrophe du sensible*, Paris, Galilée, 2005.
VALENTINI Valentina, *Le storie del video*, Roma, Bulzoni, 2003.
VATTIMO Gianni, *La fin de la modernité : nihilisme et herméneutique dans la culture post-moderne*, trad. fr. C. Alunni, Paris, Seuil, 1987.
– *La societé transparente*, trad. fr. J.-P. Pisettta, Paris, Desclée de Brouwer, 1990.
– *Au-delà de l'interprétation : la signification de l'herméneutique pour la philosophie*, trad. fr. M. Somville-Garant, Bruxelles, De Boeck université, 1997.
VERTOV Dziga, *Articles, journaux, projets*, trad. fr. S. Mossé et A. Robel, Paris, Union générale d'éditions, 1972.
– *L'Occhio della rivoluzione. Scritti dal 1922 al 1942*, éd. P. Montani, Milano, Mimesi Edizioni, 2011.
– *Lines of resistance. Dziga Vertov and the Twenties*, éd. Y. Tsivian, Pordenone, Le Giornate del cinema muto, 2004.
WARBURG Aby, *Essais florentins*, trad. fr. S. Müller, Paris, Klincksieck, 2003.
– *« La Naissance de Vénus » et « Le Printemps » de Sandro Botticelli : étude des représentations de l'Antiquité dans la première Renaissance italienne*, trad. fr. L. Cahen Maurel, Paris, Allia, 2007.

table des matières

Imprimerie de la Manutention à Mayenne (France) - Janvier 2014 - N° 2138840G
Dépot légal : 1e trimestre 2014